당신은 정의로운 사람입니다

당신은 / 정의로운 사람입니다

노회찬이
꿈꾸는
정치와 세상

노회찬, 손석희, 홍아미, 김현진, 지강유철
지승호, 강수돌, 우석훈, 김종대, 이대근 지음

"

제가 할 일은 분명합니다.

거대 권력에 과감하게 맞서서

한국 사회의 정의를 바로 세우는 일입니다.

"

프롤로그

노회찬에게
작별을
고합니다

노회찬. 한 사람에 대해서 그것도 그의 사후에 세 번의 앵커 브리 핑을 하게 될 줄은 몰랐습니다. 사실 오늘의 앵커 브리핑은 이보다 며칠 전에 그의 죽음에 대한 누군가의 발언이 논란이 되었을 때 했 어야 했으나 당시는 선거전이 한창이었고, 저의 앵커 브리핑이 선 거전에 연루되는 것을 피해야 했으므로 선거가 끝난 오늘에야 내 놓게 되었음을 먼저 말씀드립니다.

제가 학교에서 몇 푼거리 안 되는 지식을 팔고 있던 시절에 저는 그를 두어 번 저의 수업 시간에 초대했습니다. 솔직히 말씀드 리자면 처음에는 저도 요령을 부리느라 그를 불러 저의 하루치 수업 준비에 들어가는 노동을 줄여보겠다는 심산도 없지 않았지요. 저의 얕은 생각을 몰랐을 리 없었겠지만, 그는 그 바쁜 와중에도 아주 흔쾌히 응해주었습니다.

그리고 다음 해, 또 그다음 해까지 그는 저의 강의실을 찾아주었습니다. 그때마다 제가 그를 학생들에게 소개할 때 했던 말이 있습니다. 노 의원은 앞과 뒤가 같은 사람이고, 처음과 끝이 같은 사람이다. 그것은 진심이었습니다. 제가 그를 속속들이 알 수는 없는 일이었지만, 정치인 노회찬은 노동운동가 노회찬과 같은 사람이었고, 또한 정치인 노회찬은 휴머니스트로서의 자연인 노회찬과도 같은 사람이었습니다.

그가 세상을 등진 직후에 전해 드렸던 앵커 브리핑에서 저는 그와의 몇 가지 인연을 말씀드렸습니다. 가령 그의 첫 텔레비전 토론과 마지막 인터뷰의 진행자가 저였다는 것 등등……. 그러나 그것은 어찌 보면 인연이라기보다는 그저 우연에 가까운 일이었을 터이고, 그런 몇 가지의 일화들을 엮어내는 것만으로 그가 가졌던 현실정치의 고민마저 다 알아채고 있었다고 할 수는 없을 것입니다.

그래서 그의 놀라운 죽음 직후에 제가 알고 있던 노회찬이란 사람을 어떻게 규정할 수 있는가를 한동안 고심했고, 그 답을 희미하게 찾아내 가다가 결국은 또, 다른 세파에 떠밀려서 그만 잊어버리고 있던 차에 논란이 된 그 발언은 나왔습니다.

"돈 받고 스스로 목숨을 끊은 분의 정신을 이어받아서야……."

거리낌 없이 던져놓은 그 말은 파문에 파문을 낳았지만, 역설적이게도 바로 그 순간에 그 덕분에 한동안 잊고 지냈던 노회찬에 대한 규정 혹은 재인식을 생각해냈던 것입니다. 즉, 노회찬은 '돈 받고 스스로 목숨을 끊은 사람'이 아니라 적어도 '돈 받은 사실이 끝내 부끄러워 목숨마저 버린 사람'이라는 것……. 그보다 비교할 수 없이 더 큰 비리를 지닌 사람들의 행태를 떠올린다면, 우리는 세상을 등진 그의 행위를 미화할 수는 없지만 그가 가졌던 부끄러움은 존중해줄 수 있다는 것…….

이것이 그에 대한 평가에서 가장 중요한 것을 빼버린 그 차디찬 일갈을 듣고 난 뒤 마침내 도달하게 된 저의 결론이었습니다. 그렇게 해서 저의 동갑내기 노회찬에게 이제야 비로소 작별을 고하려 합니다.

차
례

제3장 노회찬이 꿈꾸는 세상

에필로그

제1장

/

노
회
찬
을
만
나
다

© 권영탕

인터뷰 노회찬 · 홍아미(에세이스트)

노회찬과 삼성 X파일

2013년 3월 11일, 안철수 전 대선후보가 귀국과 동시에 4·24 국회의원 재·보궐 선거 출마를 선언했다. 그러나 사람들의 관심은 그의 출마 여부가 아니라 어느 지역을 선택했느냐에 더 쏠려 있었다. 부산 영도구가 아닌 서울 노원병을 선택한 이유로 안철수 후보는 "지역주의를 벗어나서 민심의 바로미터인 수도권에서 새로운 정치의 씨앗을 뿌리고자 결정했다"며 "노회찬 의원께서 훌륭하신 분이라고 생각한다. 판결에 대해서도 아주 안타깝게 생각하고 있다. 제가 만약에 원내 진입을 할 수 있다면 노회찬 의원이 노력한 부분에 대해서도 관심을 가지고 노력할 생각이다"고 밝히기도 했다. 안철수 후보가 언급했듯이 이미 노원병은 노회찬 대표가 2013년 2월 14일 '삼성 X파일' 대법원 유죄판결로 의원직을 상실하면서 뜨거운 감자로 떠오르고 있었다.

2005년 8월 18일, 당시 민주노동당 국회의원이던 노회찬 대표는 삼성 X파일 녹취록을 입수해 국회 법제사법위원회의 개원과 동시에 삼성에서 뇌물을 받은 검사 7명의 실명을 공개했으나 대부분 공소시효 만료로 무혐의 처분되었으며, 삼성 X파일을 폭로한 이상호 전 MBC 기자와 노회찬 의원만 명예훼손과 통신비밀보호법 위반으로 불구속 기소되는 결과를 낳았다. 이때부터 이어져온 거대 권력과의 기나긴 사투는 결국 대법원 판결로 씁쓸한 결과를 낳았다. 노회찬 대표는 의원직을 상실했고, 이에 분개한 시민사회와 정치인들이 대대적인 서명운동을 벌였다(이 인터뷰는 2013년 3월 4일 노회찬 대표의 집무실에서 진행되었다).

안철수의 노원병 출마,
떳떳하지 못하다

최근 뉴스에 대표님의 이름이 무척이나 자주 등장하고 있습니다.

가지 많은 나무에 바람 잘 날 없는 식으로 일이 많네요. 그러나 우연히 생긴 일이 아니라 어찌 보면 역사의 필연이기도 하고, 개인의 문제로 표출되고 있기는 하지만, 결국 들여다보면 우리 사회가 갖고 있는 문제의 그림자거든요. 저는 담담하게 받아들이고 있습니다. 이 안에서도 제가 할 일이 있고요.

대법원 판결로 심란한 가운데서도 당 대표로서 재·보궐 선거에도 관심을 기울일 것 같은데요?

솔직히 말씀드리면 저의 관심사는 4월 24일에 있을 재·보궐 선거가 아닙니다. 이 선거를 있게 만든 사건에 더 관심이 있죠. 즉, 삼성 X파일 사건과 그에 따른 판결 때문에 제가 의원직을 잃었기 때문에 그 결과로 재·보궐 선거가 있게 된 거죠. 제가 사건의 당사자이다 보니 판결 이전에 삼성 X파일로 표출된 거대 권력의 부정과 비리가 우리 사회에 여러 방식으로 온존하고 있고, 이를 해결하려는 노력도 아직 충분치 않다는 것을 절실하게 느꼈습니다. 미해결 혹은 미완의 과제로 남아 있다는 거죠. 이것이 엄연한 우리의 현실이고 또한 제가 정치를 하는 이유이기도 합니다. 저를 정치인으로서 존립하게 하는 조건이 된 거죠.

또 하나의 과제가 바로 사법부 문제입니다. 저 개인적으로도 부당한 판결을 받았지만, 그런 부당한 판결이 이전에도 많았고 앞으로도 변함없이 계속될 것이라는 거죠. 이런 사법부를 어떻게 바꿀 수 있을까 하는 무거운 과제가 있습니다. 이것만으로도 저에게는 벅차고 엄청난 과제인데, 막상 현실에 닥친 문제가 바로 재·보궐 선거입니다. 이와 관련해 당 대표로서 책무가 있습니다. 저희로서는 저희가 아니더라도 의석을 확보하고 지키고 싶지만, 그 자리를 놓고 많은 일이 벌어지고 있습니다.

얼마 전, 안철수 전 대선후보가 노원병 출마 의사를 밝혔습니다.

이제껏 한 번도 전화 통화를 해본 적이 없는 사이였는데, 갑자기 국제전화가 왔어요. 사실상 데면데면하게 안부 인사만 주고받은 셈이죠. 이상한 일은, 그 전화 통화를 마치고 1시간쯤 후에 언론사 기자가 그 통화 내용을 묻는 전화를 걸어왔어요. 안철수 전 대선후보의 노원병 출마에 대한 양해가 있었느냐는 거죠. 저로서는 황당했죠. 통화한 사실을 기자가 알고 있는 것부터가 이해가 가지 않았고, 노원병이니 양해니 하는 말은 주고받은 적도 없었으니까요. 결국 제가 아는 안철수 캠프 관계자에게 전화를 걸어 항의를 했죠. 미국에 있는 사람과 통화한 사실을 국내에 있는 기자가 어떻게 알았는지, 말하지도 않은 내용이 왜 기정사실화되어 있는지…….

이 과정에서 알게 된 것이 저와 안철수 전 대선후보가 통화한 시각에서 약 1시간 30분 후에 노원병 출마 기자회견이

예정되어 있었다는 겁니다. 기자회견에 들어가기 직전에 저한테 전화를 함으로써 뭔가 이야기가 된 것처럼 보이게 하려는 알리바이로 이용한 게 아니냐는 것이죠. 이런저런 일이 많은 곳이 정치판이기는 하지만, 이런 구태정치는 이제 지양해야 하지 않겠습니까? 우리가 하고 싶어 하는 새 정치는 이런 모습이 아니라는 겁니다. 차라리 전화를 하지 않고 자신의 입장만 발표하는 것이 낫지 않았을까 싶어요. 저한테 양해를 구한 것처럼 그렇게 언론에 흘린 것은 그만큼 출마가 떳떳하지 못한 것으로 보입니다.

삼성 X파일 사건에 대한 부당한 판결

대법원 판결에 대해 야당뿐만 아니라 여당까지 한목소리로 성토했습니다.

국회의원 159명이 서명했는데 민주통합당에는 모든 의원에게 서명 용지가 갔고, 대부분 서명해준 걸로 알고 있어요. 반면, 새누리당에는 전부 돌리지는 않았어요. 아마 다 돌렸다면 더 많은 의원이 서명에 참여해주지 않았을까 싶어요. 그만큼 이 사안에 대한 공감대가 상당히 넓구나 하는 것을 느꼈습니다.

사실 여기에는 그만한 역사가 있는 거죠. 지금은 19대 국회지만 17대 국회 때에도 삼성 X파일 문제에 대해서 국회의원들의 입장은 비슷했어요. '다시 있어서는 안 될 거대 권력들의 대형 비리 부정 사건이다.' 당시 천정배 법무부 장관은 '건국 이래 최대 규모의 부정 사건이다'라고 규정한 바 있습니다. 그리고 당시 국회의원 90퍼센트 이상인 280명 이상이 '공개되지 않은 나머지 삼성 X파일도 특별법을 설치해서라도 모두 공개해야 한다'는 법안을 공동발의했을 정도로 인식이 비슷했어요.

덧붙여서 통신비밀보호법 조항에서도 공익을 위한 불가피한 공개 행위임에도 과도한 처벌을 하는 것이 애초에 법을 만들 때 생각하지 못했던 부분이고, 벌금형이 없다 보니 과도하게 설정되어 있었던 겁니다. 부득이하게 공개할 수밖에 없는 상황에 대한 배려가 형벌에 반영이 안 되어 있어서 입법권을 가진 국회가 스스로 '이 법안에 문제가 있으므로 고치겠다'고 판단한 거죠. 그런 판단을 한 사람이 여야 합해서 절반이 넘었고요. 통신비밀보호법 개정안 공동발의자가 159명인데, 그만큼 공감대가 넓었던 것이죠.

정치권은 물론이고 대부분 국민들이 삼성 X파일 공개에 대해 지지하고 있습니다. 사면 서명운동이 활발했는데, 이번 3·1절 특사에도 반영이 안 되었습니다.

제 심경은 담담하고요. 마음을 비우는 데는 동작이 빠르거든요. 저 스스로 사면을 요구한 것은 아니고 당이라든지 조국 교수를 비롯한 시민사회단체와 지역 유권자가 많이 참여해주었습니다. 그러나 그것은 '용서를 바란다'는 의미의 사면 요구가 아니라 '노회찬은 무죄다'라는 명제하에 이루어진 것임을 말씀드리고 싶습니다. 대법원 판결에 대해 강력히 문제 제기를 한 것인데, 최종 사법기구인 대법원에서 유죄를 확정 지었으니 대통령이 사면권을 행사해서라도 대법원의 잘못된 판단을 바로잡으라는 거거든요.

사실 2012년 4월에 총선이 있었잖습니까? 당시 상대편인 새누리당 후보가 이 사건에 대해 홍보물 한 페이지를 할애해서 알렸어요. 노회찬 후보는 곧 대법원에서 유죄판결을 받을 것이고, 그렇게 되면 의원직을 상실할 수밖에 없으니

뽑아서는 안 된다는 내용이었죠. 그러니 유권자 중에서는 이 일에 대해 모르는 사람이 없어요. 집집마다 홍보물이 갔으니까요. 그럼에도 저를 뽑아주었거든요. 그래서 저는 유권자들에게 이미 심판을 받았다고 생각합니다. 국민의 심판에서는 무죄라고 결론이 나왔기 때문에 국민한테는 사면되고 복권된 것이라고 여기고 있습니다.

벌써 8년 전으로 거슬러 올라가는데, 당시 삼성 X파일을 접하고 폭로를 결심했을 때 어느 정도의 후폭풍을 예상했나요?

이렇게 길게 갈 줄은 몰랐지만 제가 상상할 수 있는 것 이상의 만만치 않은 후폭풍에 대해서는 각오를 했습니다. 그리고 제가 져야 할 부담이 생길 것이라고 느꼈죠. 왜냐하면 민주사회일수록 성역이 없어야 하겠지만, 사실상 눈에 보이지 않는 성역이 존재하거든요. 처음 국회에 들어왔을 때 다른 당의 선배 의원이 저에게 조언을 해주었어요. 축하한다고 하면서 '앞으로 국회의원으로 오래 살아남으려면 삼성과 미국 문제는 건드리지 말아야 한다'고 하더군요. 그때 그 말이 상당히 의미심장하게 들려왔어요. 대략 짐작은 했지만 굳이 저한테 이야기를 해줄 정도라면 일반적인 정치인들에

노회찬과 삼성 X파일

게는 정말 무겁게 다가올 수 있겠다고 생각했습니다. 당시 농담 삼아 '그럼, 삼성 문제와 미국 문제만 건드리면 되겠네요' 하고 대꾸하기도 했죠.(웃음)

그래서 일부러 삼성을 건드린 것은 아니지만, 그해 첫 국정감사를 할 때 삼성그룹 회장을 증인으로 신청했어요. 여러 가지 비리나 불법 관련 의혹이 있었기 때문에 증인 신청을 한 거였는데, 다음 날부터 제가 아는 모든 곳에서 전화가 오는 거예요. 고등학교 동창을 비롯해서 제가 아는 모든 사람이 연락을 해서 만나자고 하는 거예요. 뻔한 거죠. 나중에 알고 보았더니 저한테만 전화가 온 게 아니고 '받을 거냐 말 거냐' 하고 표결 권한이 있는 의원들한테 연락이 갔더라고요. 당시 한나라당 의원이 자기한테 온 문자 메시지를 보여주었는데, '노회찬 의원의 증인 신청을 반드시 막아주세요' 라고 되어 있었어요. 사실은 국회가 정당한 헌법과 국민의 권리로서 필요하면 국정감사의 증인으로 채택할 수도 있는 것 아닙니까? 그런데 그런 것들이 눈에 보이지 않는 권력의 힘을 통해 제어되는 것을 보면서 '만만한 상대가 아니구나' 하고 느꼈죠.

이미 그런 경험이 있었지만, 녹취록을 공개한 이유가 있었습니까?

　　삼성 X파일 녹취록을 공개할 때도 그만한 각오가 필요했습니다. 저 자신에게 수십 번 질문했던 것 같습니다. 후회하지 않을까? 다른 방법은 없을까? 이로 인해 어떤 일이 생길지 모르는 거잖아요. 미처 예상하지 못한 최악의 일이 발생할 수도 있고……. 하지만 저는 배운 대로 행동하는 사람이거든요. 국회의원은 무엇을 해야 하느냐 하고 생각했을 때 당연히 공개해야 한다는 결론에 도달했고 그렇게 했습니다. 그 이후에 어떤 일이 벌어지느냐는 나중에 생각하기로 하고…….

대한민국에서 재벌, 특히 삼성은 무소불위의 권력을 공공연히 행사하고 있습니다. 그리고 대부분의 국회의원이 적당히 타협하고 있다는 것이 일반 국민의 생각입니다. 그런 점에서 이번 판결이 상징하는 바는 무엇이라고 생각하나요?

　　연초부터 소문이 있었고 녹취록이 돌기 시작한 지는 한 달쯤 지난 시점이었어요. 그러니까 아는 사람은 아는 그런 부분이었어요. 저도 무조건 공개부터 한 게 아니고 처음에는 법제사법위원회 소집을 요구했지만 늦어지고, 검찰 수사를 촉구했지만 수사도 안 되고……. 결국 임계점에 도달한 거죠. 삼성 X파일을 공개해서라도 떡값 검사들에 대한 수사를 촉구하지 않을 수 없던 상황이었습니다. 국민들 사이에서는 그런 이야기도 많았죠. '이 정보를 노회찬 의원 한 명만 알았겠느냐. 소속 정당도 군소 야당이라 정보력에서 뒤질 수밖에 없는데, 정보력이 더 뛰어난 다른 당에서는 먼저 알고 있었을 것이다.' 저로서는 당연히 해야 할 일이라고 생각해서 공개하기는 했지만, 결코 쉽고 간단한 일이 아니기 때문에 같은 결정을 내리지 못한 의원들을 비판할 수는 없다고 생각했어요.

변하지 않은 현실, 그러나 희망은 있다

당시에는 대대적인 폭로로 국민들에게 많은 충격을 주었는데, 지금은 유야무야 잊힌 것 같습니다.

사실은 삼성 X파일 사건과 관련해서 크고 작은 일이 참 많았습니다. 이 사건이 세상에 드러난 게 2005년인데, 불법 녹음된 것은 그로부터 무려 8년 전이었죠. 당사자들이 아무리 부인해도 보면 알 수 있는 거잖아요. 그런데 바로 다음 해인 2006년에 김용철 변호사가 양심선언을 합니다. 녹음테이프가 있었던 게 1997년인데, 김용철 변호사는 1998년부터 삼성에서 근무했어요. 즉, 1998년부터 떡값 검사들에게 돈을 주는 일을 맡았던 겁니다.

녹취록에 나오는 내용과 같은 거죠. 이 녹음테이프에 담긴 일이 그해에만 이루어진 게 아니라 그 이후에도 같은 일이 계속되어온 것을 김용철 변호사가 증언한 거예요. 그 증언 내용을 보니 녹취록만 가지고는 알 수 없던 생생한 장면이 많더라고요. 삼성 본사 몇 층에서 돈이 어떻게 밀차를 통해 박스로 올라가고 어떤 규모로 포장이 되어 건네지는지 나오거든요. 어떻게 뇌물을 만들고 건네고 하는 것이 일상화되어왔는지 김용철 변호사의 증언으로 확인이 된 겁니다.

이런 것을 보면 우연히 작은 하나의 사건이 벌어진 게 아니라 지하수가 흐르듯이 우리 사회 아래 도도히 흐르고 있었던 거죠. 어둠 속에서 진행되는 공공연한 행위인데, 문제는 때로는 크게 때로는 작은 규모로 지속적으로 이런 문제가 드러났을 때 이에 대한 사회의 대응이 어땠는가 하는 겁니다. 아직은 참 서글픈 모습이죠. 간혹 관련자들이 법정에 서기도 했지만, 거의 대부분 솜방망이 처벌로 끝나고 말았습니다. 어떤 경우에는 문제가 커져서 국회에서 특검까지 만들어 수사했지만, 그 결과는 마찬가지였습니다.

그런 결과에 대해서 안타까운 점이 많을 것 같습니다.

이런 지적도 받은 적이 있습니다. '당신은 이 싸움에서 패배한 게 아니냐'는 겁니다. 최근 제가 겪은 일들이 보여주다시피 제가 나서서 주도한 일들이 이 문제를 해결하기보다는 도리어 제가 피해를 입는 패배로 끝난 것은 사실입니다. 그러나 제가 드리고 싶은 말씀은 전투에서는 졌지만 아직은 전쟁에서는 진 게 아닙니다. 아직 전쟁은 끝나지 않았다는 거죠. 긍정적으로 보자면 피해는 발생했지만, 이런 과정을 통해 문제가 있다는 것을 우리 사회에 강력하게 보여주었습니다.

아직 해결되지는 않았다고 하더라도 점차 많은 분이 저의 문제는 해결되어야 한다는 것에 대해 공감대를 갖게 되었습니다. 공분公憤을 하기도 했고요. 해결되는 과정으로 본다면, 과거에 없었던 진전이 분명히 있을 겁니다. 문제는

'이후에 어떻게 할 것인가'입니다. 개인의 처신뿐만 아니라 우리 사회가 이런 구조적인 비리나 대형 부정 사건을 없애고 줄이고 처벌하기 위해 어떤 제도와 양식을 만들어낼 것이냐, 이것이 큰 과제죠.

아이러니하게도 삼성 X파일 사건이 다시 핫이슈로 떠올랐습니다. 국민들에게 어떤 반응을 듣고 있습니까?

오늘도 점심 때 중국집 가서 짜장면을 먹었는데요. 그런 곳에서 만나는 사람들 중에 격려해주고 응원해주는 분이 대법원 판결 이후로 부쩍 늘었습니다. 저 개인에 대한 격려도 고맙지만 문제의식이 같다는 증표이기 때문에 뿌듯하기도 하거든요. 이런 문제는 한두 명이 쉽게 해결할 수 있는 게 아니에요. 많은 분이 공감해야만 힘든 과정을 거쳐 조금씩 변화가 일어날 수 있습니다. 문제가 해결되지는 않았지만 더 많은 분이 공감대를 가지고 있구나, 하는 변화를 느낄 수 있습니다.

사법 정의를 위해
공수처를 설치해야 한다

이러한 공감대를 실천으로 이끌어내는 작업이 필수적일 것 같은데요. 어떻게 할 계획입니까?

여러 가지가 있죠. 그리고 진보정의당의 힘만으로 가능하지는 않을 거고요. 어쨌든 이 문제가 다시 이슈로 떠올랐기 때문에 그 관심을 증폭시키고 지속시키기 위해 문제가 된 삼성 X파일 녹취록 나머지가 있잖습니까? 서울중앙지검 캐비닛에 보관 중인 280여 개의 녹취록을 공개하기 위한 특정한 법률, 즉 삼성 X파일 공개를 위한 특별법이죠. 17대 국회 때 90퍼센트 이상의 국회의원이 동의해서 상정은 되었지만, 나중에 막상 처리할 때는 부담스러워했어요. 결국 부결된 것이 아니라 시간이 지나서 자동 폐기가 되었거든요. 그 법을 이번에 다시 제출할 예정입니다.

그 외에 내부고발자를 보호하기 위한 법률과 제도를 만들고 통신비밀보호법 개정으로 법률적 장치를 보완할 생각입니다. 법 앞에 만인이 평등할 수 있도록 특별검사청에 특혜를 주는 잘못된 판결 경향과 전관예우 문제 등 한두 가지가 아닙니다. 이런 문제들을 바로잡고 싶어요.

이번 사건으로 많은 분이 실망한 부분이 바로 '사법 정의에 대한 불신' 아닙니까?

떡값 검사들을 아무리 수사하라고 해도 안 하잖아요. 이런 일이 한두 번 있던 게 아니기 때문에 정치인이거나 고위 권력을 가진 사람들의 권력형 비리에 대해서는 검찰에서 수사하지 않고 별도의 독립적인 고위공직자비리수사처(공수처)를 만들어 수사하도록 할 생각입니다. 대검찰청 중앙수사부라는 곳이 자신들의 생존을 위해 여러 가지 편법적인 일을 해서 국민의 지탄을 받지 않았습니까? 대검찰청 중앙수사부를 해체하고 공수처를 만들면 특검을 별도로 만들지 않아도 되거든요(대검찰청 중앙수사부는 2013년 4월에 폐지되었다). 일종의 상설 특검이 되는 거죠. 권력을 가진 사람들이 자기들과 관련된 수사에 관여하지 못하도록 원천적으로 규제하는 새로운 시스템을 만드는 것이 최대의 과제라고 생각합니다. 사실 이런 것들이 제가 처음으로 말씀드리는 것도 아니고, 큰 선거가 있을 때마다 주요 후보들이 공약으로 세워놓고 실천을 안 하는 것들이에요.

많은 정치인이 의지를 가지고 있지만 변화를 이끌어내지 못하는 걸까요?

대통령이 단임제이기는 하지만 국민들이 주기적으로 선출권 행사를 통해 검열을 하는 거죠. 대통령이 잘못하면 집권당이 바뀌잖아요. 국회의원이 잘못하면 다음에 낙선할 수 있잖아요. 그러나 판사들은 그것이 없어요. 판사들은 선출되지 않는 권력이기 때문에 상당히 위험해요. 그 문제가 심각합니다. 그렇다고 판사를 투표해서 뽑을 수도 없고……. 그래서 이것을 여러 가지 제도로 견제해야 합니다. 공수처와 같은 제도를 마련하는 것뿐만 아니라 시민사회단체 등 국민적 감시의 강화, 정치권의 인사청문회 등을 확대해서 검열하는 시스템이 필요한 거죠. 근본적으로는 개혁 의지가 가장 중요합니다. 또 사법부나 검찰 출신 사람들이 주된 구성원이다 보니 쉽지 않은 거죠.

박근혜 정부의
편향적인 인사정책

박근혜 정부가 본격적으로 출범했습니다. 인사정책 등에서 잡음이
많은데 이에 대해 어떻게 생각하나요?

대한민국에서 고위 공직자로 거론되는 대부분의 사람이 일
종의 사회 상류층이라고 볼 수 있는데요. 비리 백화점이라
고 해도 과언이 아닐 정도로 온갖 편법과 탈법을 일삼아왔
거든요. 세금 문제, 병역 문제, 재산 문제, 주택 문제 등…….
한국 사회가 얼마나 병들었는지를 보여주는 증거가 아니겠
습니까? 추천되지 않은 사람은 덜할 것이냐. 저는 비슷하다
고 봐요. 드러났느냐 아직 안 드러났느냐의 차이일 뿐이죠.

어찌 보면 고위 공직자로서 권한이나 영향력이 강하기
때문에 더 책임감 있게 엄격한 기준이 적용되어야 할 것입
니다. 그런데 타의 모범이 되기는커녕 일반인보다 많은 문
제점을 안고 있다는 말이에요. 병 고치는 의사가 세균에 오
염되어 있으면 일반인보다 위험할 것 아닙니까? 이것은 심
각한 문제로 받아들여야 하고 이를 해소하기 위한 다양한
제도와 시스템이 필요하다고 봅니다. 첫 번째는 문제가 있

는 부분은 가차 없이 도려내야 하고요. 두 번째는 문제 있는 사람을 줄여야 하죠.

잘라내는 것 외에 구체적인 방법이 있을까요?

어떤 사람은 장관 후보자인데 가만히 보니까 이 사람이 옛날부터 저지른 비리를 보면, 장관은커녕 차관이나 국장이 될 자격도 없었던 거죠. 그 말은 국장과 차관 시절에는 부적격자였지만 수면에 드러날 일이 없어 별 문제가 안 되었던 거죠. 그러다 장관이 되려고 청문회를 열어 공개적으로 조사하니까 그제야 드러난 거예요. 그렇다면 국장 때부터 그런 사람들을 검증하고 걸러낼 수 있는 장치를 준비했다면 어땠겠느냐는 거죠.

미국에서는 청문회를 열어 검증해야 하는 사람이 600명이나 돼요. 우리나라는 27명이 전부예요(인사청문회법이 제정된 2000년에는 그 대상이 국회의 동의가 필요한 17명과 국회가 선출하는 6명으로 제한되었지만, 2019년 현재 총 63명의 직위에 대해 인사청문회를 실시한다). 미국 대통령은 한국 대통령보다 훨씬 불편한 거죠. 한국 대통령은 27명만 청문회에 세우고 나머지는 그냥 자기가 원하는 대로 임명할 수 있어요. 그만큼 우리의 감시망이 약한 거예요. 그물코가 넓은 그물을 비리의 바다에 던져서 걸러내는 셈이에요. 더 촘촘한 감시망이 필요하다고 봐요.

박근혜 정부의 인사정책에서 가장 큰 문제점은 무엇인가요?

박근혜 대통령의 인사 문제는 다양한 컬러의 사람을 쓴다기보다는 편향적이라는 점입니다. 이런 경향이 인수위 때부터 많이 보였습니다. 지난 정부에서는 개인적으로 친한 사람만 쓴다거나 특정 교회나 특정 학교의 사람만 쓴다는 게 문제였다면, 박근혜 대통령은 이데올로기가 한쪽으로 치우친 사람을 많이 쓰는 게 문제인 것 같아요. 법조인을 많이 쓴다고 했는데, 저는 모든 법조인이 문제가 있다고 생각하지는 않거든요. 또한, 법조인을 많이 쓰면 안 된다는 법도 없어요. 법조인 중에서도 특정 성향의 법조인만을 쓴다는 거죠. 대단히 치우치고 완고하며 보수 중에서도 더욱 보수적인 사람들을……. 어떻게 골라냈을까 할 정도로 딱 그런 성향의 사람들만 골라서 쓰고 있어요. 그런 점에서 걱정이 많이 되죠. 우리가 무엇을 먹더라도 지나치게 나트륨이 많은 음식을 먹으면 탈이 날 수밖에 없듯이…….

박근혜 정부에 기대하는 바가 있다면요?

대통령도 사람이고 자기 철학과 노선이 있잖아요. 자신의 취향대로 인재를 등용해서 일을 하고 싶을 거예요. 그것은 인정하지만, 누가 봐도 한쪽으로 치우친 이데올로기를 가진 사람들만을 뽑아 쓰는 것은 너무하지 않느냐는 거죠. 우리 국민은 다양하잖아요. 그렇다면 국가를 운영하는 인재 풀 pool도 다양해져야 하는데, 그만큼 다양한 목소리와 시각에 따라서 접할 기회가 적어진다는 점이 가장 걱정되는 문제인 겁니다. 그런 점에서 아직 초기이기는 하지만 현재까지 지적된 문제들은 앞으로도 문제가 될 것이기 때문에 박근혜 대통령이 귀를 더 열어야 할 겁니다.

두 번째는 시스템 문제인데 현재 난항 중인 정부조직법과 관련된 것이죠. 흔히 정부조직법이 난항을 겪는 문제에 대해서 일하려는 사람을 일하게 해주어야지 왜 못하게 발목을 잡느냐고 하잖아요. 정부조직이기는 하지만 그것이 왜 정부조직령으로 안 되어 있고 법으로 되어 있는지 생각해보아야 합니다. 영令으로 되어 있다면, 대통령이 국무회의에서 알아서 통과시켜 처리하면 될 일이었을 거예요. 그런데 정부조직도 행정조직과 관련된 것인데 왜 법으로 했을까요?

'행정부 조직이라도 마음대로 하면 안 되고 국회의 동의를 얻어야 한다.' 입법권을 가진 국회의 동의 없이는 조직을 못 바꾸도록 만든 거거든요. 그것이 바로 입법 취지예요. 그렇기 때문에 말은 정부조직법이지만 국회의 동의하에 조직을 짜야 합니다.

그런데 박근혜 정부가 하는 모습을 보면 '조직 다 짰으니 도장만 찍어라'고 하는 꼴이잖아요. 안 된다고 하니까 '일하려고 하는데 왜 못하게 합니까' 하는 거예요. 그럴듯하게 들리지만, 이는 입법 취지를 무시하는 거거든요. 그리고 자신들이 야당일 때는 어땠는지도 생각해보았으면 좋겠어요. 부처部處 하나를 죽였다 살렸다 했거든요. 입장이 바뀌었다고 '그것은 그거고, 이것은 이거다'라고 하면 안 되는 거죠.

진보정치의 위기, 현재를 진단하다

진보정당의 위기라는 말을 많이 합니다. 그 이유에 대해 어떻게 평가합니까?

2012년은 최악의 해였던 것 같아요. 제가 잘못을 저지른 것은 아니지만 애정을 갖고 오랜 기간 당을 책임져온 사람으로서는 숨고 싶고 도망가고 싶은 때가 많았어요. 아무튼 정신적으로 대단히 힘들었습니다. 지금도 그때보다 더하지는 않지만 나아진 것도 없어요. 지금 제게 바람이 있다면 그거에요. 이 상황이 최악일 것. 더는 나빠질 게 없었으면 좋겠다는 거죠. 그러나 이 상황은 남 탓할 게 별로 없다고 봅니다. 억울하게 이 꼴을 당한 게 아니라 진보세력이라고 자처하는 사람들이 자초한 문제이기 때문에 우리의 책임인 거죠.

이런 상황에 대해 누구보다 안타까움이 클 것 같습니다.

문제는, 이런 식으로 계속 가다 보면 진보가 존립 자체도 못할까 우려된다는 거죠. 진보라는 가치가 우리 사회에 있어도 되고 없어도 되는 거냐. 그렇게 생각하지는 않거든요. 사회가 많은 문제를 해결해가면서 산업적·문명적으로 발전하는 데 제대로 된 진보의 역할은 정치적으로 굉장히 중요하다고 생각해요. 복지국가도 마찬가지입니다. 복지에 많은 돈을 쓴다고 복지국가가 되는 게 아니라 복지를 바라는 많은 사람이나 그것을 실현해낼 수 있는 진보정치 세력의 힘이 있어야 하거든요. 진보정당이 건강하게 존재하느냐의 문제는 중요한 거죠.

그런 의미에서 지금의 상태는 대단히 위험한 상황이라고 봅니다. 최대한 빠른 속도로 변화되어야 한다고 생각합니다. 그러나 이런 상황이 오게 된 이유가 대부분 진보정당의 잘못으로 생긴 것이기 때문에 진보정치 세력의 정체성 문제나 정책과 비전, 활동하는 방식의 문제, 이런 여러 가지 문제에 대해 정말 과감한 전환이 필요한 때인 거죠. 뼈를 깎는 쇄신의 노력이 있어야 한다고 봅니다.

2012년에 정말 별일이 다 있었죠. 비리, 부정 등등 많은 일이 계속 터지는 가운데 해결해보려고 해도 오히려 사태가 더 커져버리는 식이었어요. 한두 가지 문제만 고쳐서 온전하게 될 것 같지는 않고요. 많은 시간과 노력이 필요한데, 그런 문제의식에서 제가 속한 진보정의당이 2012년 10월에 창당했습니다(진보정의당은 2013년 7월 당명을 정의당으로 바꾸었다). 대선이 끝난 이후부터는 제2의 창당이라고 해서 그동안 미루어온 개혁 과제들을 수행하려고 합니다.

지지자들은 어떻습니까?

다양하죠. 우리가 벌써 상을 몇 번 엎었습니까? 험한 산과 강을 넘어서 여기까지 오는 과정에서 가장 가까이에는 이모든 고난을 함께한 분들도 있지만 함께 오다가 중간에 멈춰 서서 쳐다보는 사람도 있고, 아예 돌아서서 강을 건너간 분들도 있습니다. 간혹 그런 분들을 만나게 될 때 묵은 상처가 되살아나 쓰라립니다.

험난한 과정 속에서 새로운 깨달음도 많이 얻었을 텐데요.

정말 없었으면 좋았을 일들을 겪었습니다. 그 과정에서 얻은 교훈은 우리도 이미 알고 있던 일이기는 하지만, 진보세력은 다른 정치세력보다 작은 일에도 큰 상처를 받게 마련입니다. 이것은 좋고 싫고의 문제가 아니라 숙명적인 거라서 무조건 받아들여야 하는 명제입니다. 그렇다면 진보세력에는 더 엄격하고 더 높은 수준의 잣대가 필요할 수밖에 없죠. 그것을 감당하기 힘들면 진보정치를 떠나야죠. 무너진 신뢰를 회복하는 데 드는 시간은 무너지는 시간보다 훨씬 길거든요. 특히나 공직자들이나 당직을 맡고 있는 사람들에게 좀더 높은 규율과 잣대를 요구해야 한다고 봅니다. 과거처럼 정파니 뭐니 사적인 이유로 감싸는 일이 없도록 시스템도 개발해야 하고, 조직 문화 자체를 개선하는 노력이 필요할 겁니다. 지금도 다양하게 크고 작은 노력을 진척시키고 있습니다.

진보,
새로운 미래를 꿈꾸다

박근혜 정부가 들어섰고, 진보세력도 변화를 모색하고 있습니다.

사실 2012년 대통령 선거가 무척 상징적인 사건이었다고 생각합니다. 지난 20년간의 대통령 선거 중에서 진보정치세력으로 분류될 수 있는 후보가 가장 많이 출마했거든요. 많이 출마했다고 좋은 게 아니지만, 4명이나 나왔는데 이것은 상황이 무척이나 안 좋기 때문에 그렇게 많이 나온 거거든요. 그만큼 분열을 의미하는 것이고 개개인의 득표율을 보아도 제대로 지지를 받은 경우도 없었고요. 진보가 더 낯설던 시절보다 못 받았다고 볼 수 있죠. 최악의 상태라고 해도 과언이 아닙니다. 그것이 대통령 선거를 통해 드러난 진보의 현주소입니다.

그러나 대통령 선거를 다른 각도에서 보면 그 어느 때보다 진보적인 프로그램과 진보적인 공약이 난무했어요. 과거 진보세력이 상당히 생경하고 어색하게 선보인 공약들이 이제 보수 정치인들의 입에서 나오고 있어요. 전체적으로 한국 사회는 왼쪽으로 가고 있다, 그러나 원래 있던 왼쪽은 거의 망한 상태다.(웃음) 이것이 참 아이러니입니다. 이것이 바로 오늘날의 우리 모습이라고 생각합니다.

시대가 변한 거겠죠.

비록 진보세력이 자체적으로는 굉장히 많은 어려움을 겪고 있지만, 객관적으로 보면 지난 20년을 통틀어 그 어느 때보다 진보세력의 주장이 수용될 수 있는 가능성이 높아진 상황이기도 합니다. 참 안타까운 일이죠. 이렇게 좋은 계절이 왔을 때 진보가 잘 준비되어 있었다면, 더 많은 일을 할 수 있었을 텐데 말입니다. 어떻게 보면 한겨울 힘들게 다 보내놓고 봄이 되니 드러누운 거예요. 비록 지금은 최악의 상태라고 볼 만큼 어려운 시기를 겪고 있지만, 한국 사회의 현 단계가 과거 10년 전만 하더라도 꺼내기 힘들었던 진보 담론과 복지국가와 관련된 정책들을 현실적이고 대중적으로 논의할 수 있는 시대가 되었어요. 진보세력이 오히려 정신을 차리고 자기 역할을 회복하는 일이 중요해졌다는 거죠.

대표님은 여전히 국민의 사랑을 많이 받는 정치인 중 한 명입니다. 앞으로 어떤 행보를 이어나갈 계획입니까?

제가 할 일은 분명합니다. 거대 권력에 과감하게 맞서서 한국 사회의 정의를 바로 세우는 일, 즉 제도와 정책을 바로 세우고 진보정당이 온전히 자기 역할을 하게끔 만드는 일을 해야죠. 사실 제게는 그것만 잘하는 것도 상당히 벅찬 과제입니다. 그런 점에서 보면 제 옷에 배지가 달려 있든 아니든 간에 제가 하는 일은 변함이 없다고 보고요. 특히 우리 사회에서 일자리와 복지 문제를 해결하기 위해서 더는 단편적인 정책이나 사탕발림 같은 접근으로는 안 되거든요. 한 국가가 어떻게 운영되어야 하는가, 우리 현실에서 무엇을 우선순위로 해서 정책이 운영되고 실행되어야 하느냐에 대한 종합적인 프로그램이 나와야 해요. 그것이 진보의 이름으로, 진보의 목소리로 자신 있게 만들어져야 한다고 봐요.

사람들은 진보를 이렇게 생각해요. '저 사람들, 당장에는 헌신적이고 양심적으로 좋은데 우리를 어디로 데려갈지 몰라.' 사람들이 불안해하고 걱정한다는 말이죠. 잘못된 오해를 부추기기도 했고요. 나아가야 할 방향을 선명하게 내놓는 것이 중요하다고 생각합니다. 우리 사회도 진보가 노력한 것까지 모두 포함해서 많이 변화되었기 때문에 옛날 프로그램으로 계속 갈 수 없어요. 새로운 프로그램을 제시해야 할 때입니다.

진보 정치인들에게 하고 싶은 말씀이 있나요?

요즘 그런 이야기를 듣습니다. '원래 복지는 보수가 하는 거야.' 10년 전에는 분명히 아니었거든요. 20년 전에는 복지 이야기하면 '빨갱이'라고 몰아붙였고, 10년 전에는 복지는 택도 없다고 주장하던 분들이 '복지를 진보 없이 보수가 할 것이다'라고 이야기한다는 거죠. 부족하나마 복지를 한다는 것은 좋은 일이 아니냐고 하겠지만, 과연 그분들에게 맡겨서 복지가 제대로 되냐 안 되냐는 세계사가 이미 증명하고 있거든요.

그보다는 진보가 빨리 기력을 회복하고 신뢰를 받고 다시 역할을 맡게 된다면, 좀더 우리 사회가 빠른 걸음으로 복지국가로 갈 수 있을 겁니다. 거기서 희망을 찾아야 하지 않을까요? 우리가 사는 모습은 여전히 어둡지만, 저 먼 곳에서는 여명이 밝아오고 있습니다. 우리가 가야 할 방향은 정해져 있으니 남은 것은 이제 거기로 가기 위해 용기를 내서 체력을 다지는 일입니다.

© 권영탕

인터뷰 노회찬 · 김현진(에세이스트) · 지강유철(인터뷰어)

노회찬과 노무현

한국 사회가 충격과 깊은 슬픔에서 아직 현실로 복귀하지 못하고 있던 6월 3일, 노무현 전 대통령 서거와 500만 명에 이르는 국민의 추모 행렬이 던져주는 의미를 되새겨보기 위해 노회찬 진보신당 대표와 에세이스트 김현진을 함께 만났다. 노회찬 대표는 손석희 교수의 말처럼 "자신의 신념과 원칙, 방향성을 한 번도 잃지 않고 지켜"온 사람이면서 동시에 "합리적인 대화가 가능하다고 믿어지는 정치인"이다. 하종강 한울노동문제연구소 소장의 말처럼 노회찬 대표는 "삶의 진정성으로 국민을 감동시킬 수 있는 사람"이자, 낙선의 고배를 마시고 한량으로 떠돌던 노무현 전 대통령을 운동권에 중매했던 사람이다(이 인터뷰는 2009년 6월 3일 서울 상수역 근처 카페에서 진행되었다).

"노정연 아빠가 죽었는데, 내가 고아 된 느낌"

지강유철 노무현 전 대통령이 서거하자 엄청난 사람들이 추모 행렬에 동참했습니다. 어떠셨나요?

김현진 사귄 적도 없는데, 차인 것 같은 기분이 들었어요. 하루아침에 차인 황망한 기분 있잖아요. 그래서 애들과 술 먹으면서 "왜 노정연 아빠가 죽었는데, 내가 고아가 된 느낌이냐? 우리 아빠도 아니잖아!"(웃음) 다들 실연과 고아가 된 정서를 공유하고 있어요.

노회찬 　개인적인 소회도 있을 수 있겠지만, 크게 두 가지인 것 같아요. 하나는 전직 대통령이 굉장히 비극적인 최후를 맞은 것에 대한 충격입니다. 또 하나는 '오죽했으면'으로 대변되는 죽음에 이르기까지의 과정에 대한 공감입니다. 2008년의 촛불집회가 광우병 반대로 모이기는 했지만, 이명박 정부의 등장이나 통치 방식에 대한 반감이 상당히 깔려 있었거든요. 마찬가지로 이번에도 전임 대통령을 죽음에 이르게 한 이명박 정부에 대한 문제의식과 분노가 깔려 있습니다. 사실상의 국상國喪이었지 않습니까? 그것이 사람들에게 주는 충격이 있죠. 일제강점기하에서 6·10만세운동이 일어난 것이 순종의 승하 때문만은 아니었던 것처럼 노무현 전 대통령도 그런 것 같습니다.

지강유철 　(김현진에게) 조문은 다녀오셨는지요?

김현진 　일요일에 다녀왔어요.

지강유철 　봉하마을에요?

김현진 　아르바이트를 해야 하니까 거기까지는 못 갔고 덕수궁 대한문에 다녀왔어요.

지강유철 　장례식 중계는 보셨는지요?

김현진 　노무현 전 대통령의 서거는 전혀 관계없는 사람들까지 감정적으로 만드는 면이 있었던 거 같아요. 정말 이렇게 풍운아의 시대는 끝나는가 싶었습니다. "이것은 너무 창피해!"라고 수치심을 느끼고 또 그렇게 말할 마지막 아저씨였는데……. 이제는 횡령해서 자기 자식들만 잘되게 하려는 좀생이 아저씨들만 남은 거 같아요. 입금만 되면 뭐든 할 수 있을 것 같은 사람들만 남은 기분이랄까요. 그것이 너무 우울해서 중계를 안 보았는데, 우연히 김대중 전 대통령이 권양숙 여사의 손을 잡고 오열하는 것을 보고 저도 울었어요. 저러다 돌아가실까봐 걱정되더라고요.

속상해서 하루 종일 에바 캐시디Eva Cassidy의 〈데스페라도〉만 들었어요. 노사모였던 친구들은 가게에 와서 통곡했어요. '메멘토 모리(죽음을 기억하라)'라는 흔한 말을 생각하게 돼요. 노무현 전 대통령의 죽음뿐만 아니라 참여정부에서 시작된 모든 죽음을 기억해야 하는 거잖아요. 노무현 전 대통령의 서거로 용산 참사를 비롯해 우리가 잊어서는 안 될 일들이 자꾸 묻히는 게 싫어요. 택배 노동자인 박종태 열사나 화물연대 공공운수 노조의 파업도 망할 것 같아 걱정이 돼요.

지강유철 7일간의 추모 기간을 어떻게 보내셨는지요?

김현진   하루도 소주를 안 마시고는 견딜 수가 없었어요. 제 친구들도 다 그랬고요. 실연을 당해서 굉장히 힘들어하는 친구가 있었는데, 갑자기 정신을 확 차리면서 "그런 게 문제가 아니야. 이 거대한 실연 앞에서는 아니지!" 그러더군요.(일동 웃음) 더구나 5월 30일과 6월 1일은 물대포 직사 1년, 특수기동대 투입 1년이었어요. 남은 것은 시집도 안 간 제 몸에 남은 흉터뿐이에요.

지강유철   전직 대통령의 자살도 충격이었지만, 봉하마을에 100만 명이나 내려가리라고 상상도 못했습니다.

노회찬   노무현 전 대통령의 죽음이 주는 충격과 슬픔의 정도가 컸다는 의미겠지요. 하지만 살아 계실 때도 일요일에는 2만 명씩 갔습니다. 청와대에 2만 명씩 갑니까? 못 가잖아요.

김현진   못 오게 하잖아요.(웃음)

노회찬   봉하마을에서도 밀짚모자 쓰고 잠깐 볼 수 있었을 뿐인데……. 권력도 없는 전직 대통령이 평범하게 살고 있는 장소 자체가 사람들의 마음을 끄는 부분이 있었지요. 주말에 찾아갔던 그분들이 지지자였느냐? 그렇지 않다는 말이지요. 관광차 가신 분들도 있을 겁니다. 그렇게 보면

퇴임 후의 모습이 사람들에게 부담 없이 친근했던 것 같습니다. 그런데 바로 그곳이 비극의 현장이 되어버린 겁니다. 이것이 참 복잡한 드라마인데요, 노무현 전 대통령에게 실망도 하고 비판도 하고 등을 돌리는 경우도 있었거든요. 저도 노무현 전 대통령의 서거 후 제일 먼저 한 이야기가 민주화 시대 이후 최대의 비극이고, 이 비극에서 누구도 자유롭지 못하다는 것이었습니다. 일어나지 말았어야 할 일이 일어났고, 그러다 보니 같은 시대를 사는 사람들로서 보편적으로 느껴지는 게 있었던 겁니다. 그런 심정은 봉하마을에 내려간 사람만이 아니라 덕수궁에서 3시간씩 기다리며 조문한 사람들도 마찬가지일 겁니다.

제2의
촛불집회

김현진　말씀하신 것처럼 모든 사람이 죄책감을 느끼고 있는 게 굉장한 것 같습니다. 저희 부모님은 죄책감을 느끼지 않지만요. 제 아버지는 목사인데 자살로 죄를 지었다고 하면서, 적어도 이명박은 장로라 자살하지 않을 거라고 해요.(웃음) 노무현 전 대통령이 후보 때 좋았던 광고 있잖아요? 그 광고를 함께 만들었던 제가 아는 한 사람은 이번에 너무 죄책감을 느끼는 거예요. 그렇게 잘 만들지 않았으면 대통령이 안 될 수도 있었다는 이야기예요. 모든 사람이 이런 식으로 자기와 카테고리를 만들면서 죄책감을 느끼고 있어요. 이 현상은 좀더 시간이 지나야 분석이 될 것 같아요.

지강유철   아버님은 집권 2년째인 이명박 정권을 어떻게 생각하나요?

김현진   제가 어렸을 때 아버지는 저를 때리시면서, "나는 너를 때리는 게 아니라 네 안에 있는 악마를 때렸다"고 했던 분이거든요. 제가 아프다고 소리치면 "나는 네 눈에서 악마를 보았다"고 그랬어요.(웃음) 어머니와 아버지는 집안이 3대째 크리스천이에요. 대선 때는 모여서 이명박이 당선되게 해달라고 기도했어요. 그 때문인지 아직 지켜보아야 한다고 해요. 상을 뒤엎으면서 무엇을 더 지켜보냐고 하니 이명박에게는 우리의 힘이 필요하대요. 그래서 저는 이명박은 우리의 힘은 필요 없고 소망교회에서 심

방만 가면 된다고 했어요.(웃음)

지강유철   노무현 전 대통령의 서거를 놓고 부모님과 대화해본 적이 있나요?

김현진   아버지는 노무현 전 대통령이 국회의원으로 끝났어야 한다고 말했어요. 아버지가 남대문에서 선교할 때 이명박이 간증했다고 해요. 마음이 각별한 거죠. 저는 우리 집에서라도 이명박이 대통령 되는 걸 막고 싶었어요. 선거 때마다 항상 부모님의 표를 매수했어요. 원하는 후보를 찍어주면 뷔페에 모시고 가겠다는 식이었죠.(웃음) 제가 19세 이후 고학을 계속했거든요. 그래서 아버지에게 "언제 내게 밥을 사주셨느냐, 구두를 사주셨느냐, 학비를 대주셨느냐. 어려운 거 해달라는 게 아니지 않느냐. 제발 오늘은 투표하지 마시고 놀러가라"고 했어요. 딸에게 이거 하나쯤 못해주냐고 하면서. 투표 후 누구 찍었냐고 물으니까 아버지는 해맑게 "이인제"라고 했고, 어머지는 "문국현"이라고 했어요. 죽 쒀서 개 준 거죠.(일동 웃음)

지강유철 선생님도 교회 내부의 시선을 알겠지만, 이명박은 지지율이 2퍼센트로 내려가도 신경 안 쓸 거예요. 아마 "주님이 알아서 해주실 거야" 그럴 걸요. 자기를 반대하는 국민들에게 사탄의 무리라고 하고도 남을 거예요.

2008년에 추부길(청와대 홍보기획비서관)이 촛불을 향해 사탄이라 그러기에 저는 등에다 "오빠 나야, 사탄!" 이라고 쓰고 나갔어요. 그랬더니 『연합뉴스』에서 보도해주더라고요.(웃음) 그래도 2008년 기륭전자 연대투쟁에 참여할 때 아버지에게 바자회 장소까지 태워다 달라고 부탁하면 그렇게 해주었어요. 아버지가 글씨를 잘 쓰는데 우리의 서툰 글씨가 보기 싫다고 '현 정부는 비정규직 토끼몰이를 중단하라'는 어깨띠 글씨를 직접 써주었어요. 교회에서 쓰는 '예수천국 불신지옥' 어깨띠를 뒤집어서 재활용한 겁니다.(웃음)

『조선일보』를 보는 거 창피해서 못 살겠다며 손목 한번 그었더니 『한겨레』로 바꾸었어요. 아버지가 예배 시간에 "대북 퍼주기를 중단하라!"고 그럴 때마다 안 좋았는데, 지난주에는 "떠난 사람과 유가족과 국민들을 불쌍히 여기시고……"라고 이야기하는 거예요. '어, 웬일이지? 우리 아버지도 적화?'(웃음) 딸이 시위장으로 출근하다시피 하니까 걱정되었나 봐요. 얼마 전에는 아버지가 추부길을 보고 미친놈이라고 그랬어요.

지강유철　촛불집회와 노무현 전 대통령 추모 인파 사이에는 어떤 차이점과 공통점이 있을까요?

노회찬　촛불집회는 이명박 정권의 정책에 대한 반발이 기폭제가 된 사건이고, 추모 인파는 노무현 전 대통령의 비극적인 죽음이 계기가 되었습니다. 이명박 정부가 일을 잘못 추진한 것이 상당한 영향을 미쳤다는 점에서는 유사성이 있고요. 또 다른 공통점이라면 자발성입니다. 물론 표현 방식에서 차이는 납니다. 하나는 촛불시위이고 하나는 조문입니다. 제가 영결식이 있었던 5월 29일 저녁 7시부터 30일 새벽 3시까지 서울시청 광장에 있었어요. 장례식은 끝났지만 마음을 달래지 못하는 분들이 모여 있었는데, 그 광경이 딱 촛불집회의 재현이었어요. 일부 사람들은 잔디밭에 앉아 추모집회를 하고 있었고, 같은 시각에 한국프레스센터 앞의 도로에는 경찰과 대치 중이었어요. 일촉즉발의 상황이었는데, 그 뒤에는 뒤늦게 온 사람들이 상가에 온 조문객들처럼 추모 회식을 하고 있었지요.(일동 웃음)

촛불집회 때도 그랬거든요. 앞에는 피 흘리며 싸우고 있는데, 뒤에서는 기타 치고 노래 불렀고, 다른 쪽에서는 여러 주제를 놓고 토론했습니다. 제게는 이런 모습이 너무나 자연스러워 보입니다. 발단과 배경에 차이는 있다고 하더라도 일단 판이 벌어지면 그 판에는 당대의 문화가 배어 나오게끔 되어 있습니다. 우리가 2008년에 체험했던 촛불문화는 일회적인 것이 아니라 당분간은 지속될 현 시대의 특징적인 양상이었던 겁니다. 그런 문화 현상은 유사한 시공간이 나타날 때마다 출현할 것입니다. 그래서 이번 추모의 분위기는 딱 제2의 촛불집회 느낌이었습니다. 다만 이것이 얼마나 완강하게 지속성을 가져가느냐의 문제는 사안의 성격과 관계가 있다고 봅니다.

촛불집회 때는 집중적인 요구가 있었지요. 10만 명이 모였는데 요구가 수용이 안 되니 내일은 20만 명이 모여야지 하는 식이었다는 거죠. 100일간은 그 요구를 관철시키기 위해 노력하는 과정이었습니다. 그러나 지금의 추모 열기는 아직 그런 공감대가 형성되어 있지는 않습니다. 정치세력들은 내각 총사퇴나 대통령의 사과를 요구하고 있지만, 그 요구를 관철시키기 위해 국민들이 매일 저녁 모여야 하는 상황은 아니라는 거죠. 그러나 큰 상을 당하면 눈물이 바로 안 나온다고 하잖아요. 어느 정도

시간이 지나야 눈물이 나오는 겁니다. 슬픔이 다시 엄습한다는 말도 있습니다만, 이번 사건이 국민들에게 준 상처는 상당히 오래갈 것입니다.

태어나자마자 환갑이 된 이명박 정권

지강유철 좀 성급한 판단인지 모르겠습니다만, 세계가 주목하고 있는데 이명박 정부가 경찰 버스로 서울시청 광장을 막고 분향소를 때려부수는 꼴이 꼭 정권 말기적인 증상 같습니다. 과연 이명박 정권이 임기를 제대로 마칠 수 있을까요?

노회찬 글쎄요, 정확하게 예측하기는 어렵겠지요. 저는 2008년 바로 이맘때에 이미 여러 가지 지표를 근거로 이명박 정권이 아주 특수한 상황에 처했다고 보았습니다. 이는 태생적인 특성과도 관계가 있는 것 같습니다. 이명박 후보가 대통령에 당선될 때 2등과의 차이가 530만 표였습니다. 사실상 압승을 한 거죠. 그 이전의 네 차례 대통령 선거에서 1등과 2등의 차이는 100만 표를 넘은 적이 없었습니다.

그런데 이번에는 5배 이상으로 압승했고, 이것은 참여정부에 대한 냉혹한 심판의 성격이 컸습니다. 그러나 전체 유권자 대비로 보면 이명박 후보가 얻은 득표율은 노태우 정권 이후 등장한 역대 정권 중에서 최저였습니다. 이명박 정권이 집권한 1년 동안의 지지율은 과거 정권의 말기 때와 유사했습니다. 태어나자마자 환갑이 된 겁니다.(일동 웃음) 집권 1년 만에 정권 말기가 된 겁니다.

이 말기적 증상이 언제까지 갈 것이냐? 임기를 못 채울 수도 있고, 채운다고 하더라도 식물정권이 될 수 있을 겁니다. 흔히 정치권에서는 지방선거가 끝나면 레임덕이 올 것이라는 이야기를 많이 하는데, 이미 그 상황은 왔습니다. 식물인간도 여러 종류입니다. 뇌는 살아 있지만 신체의 다른 부분이 정지될 수도 있고 그 반대의 경우도 있습니다. 그만큼 정국이 불안정합니다. 이명박 정부는 국민들이 이해할 수 없는 만행을 저지르고 있고, 그렇게 하는 이유는 그만큼 자신이 없다는 뜻이겠지요.

김현진 이명박 정부의 제일 큰 문제는 촌스러운 것을 전혀 창피해하지 않는다는 거예요. 외신이 다 보고 있는데 촌스러운 짓을 거침없이 하니까 국민들만 창피해합니다. 친구들이 그런 이야기를 해요. 이명박 정부 2년 만에 국민이 모두 '비정규 국민'이 되어버렸다고요. 고용 불안에 생존 불안까지, 정권 말기 증상을 아무리 지적해도 이명박 정부는 절대 두려워하지 않을 거예요. 왜냐하면 이명박은 천국의 시민이기 때문에 이 땅의 압력 같은 것은 두려워하지 않을 테니까요. 국민이 아무리 반대를 해도 "이 사탄의 무리들!" 그럴 겁니다.(웃음) 사실 지금 이 추모 열기의 80퍼센트도 이명박 대통령 때문인 거 같아요. 노무현 전 대통령을 추모하지만, 자꾸 뜨거워지는 것은 이명박 대통령에 대한 증오가 커지기 때문입니다.

2008년에 촛불이 꺼졌느니 어떠니 하는 이야기가 자꾸 나왔던 것은 반反이명박 전선이 너무나 헐거웠던 탓입니다. 계속 갈 수가 없었어요. 출근도 해야 하지만 벌금형을 받으면 힘들잖아요. 그만큼 간 것도 오래간 거죠. 노무현 전 대통령은 사람들에게 애와 증을 동시에 안겨준 유일한 정치인이었던 거 같아요. 저는 이명박 하면 충격과 혐오, 박근혜 하면 경멸이 세제곱이라서 "저리 가!"

그러고 싶은데 노무현 전 대통령만큼은 애정과 증오가 동시에 있었어요. 이명박 대통령이 우리 안의 속물근성을 자극했다면, 노무현 전 대통령은 우리가 피도 눈물도 가진 존재라는 사실을 자극했죠. 그분의 마지막 떠나는 모습을 보며 국민들이 그렇게 서럽게 울었던 것은 돈 없고 '빽' 없는 아저씨는 끝도 저렇게 되는구나 싶었기 때문인 것 같아요. 그런 마음이 대한문 앞에서 폭발했던 거죠.

지강유철 아무리 밖에 나가 못된 짓을 하는 자식이라도 부모의 죽음 앞에서는 최소한의 예를 갖춥니다. 그런데 이명박 정부는 반민주로 회귀하는 것도 성이 안 차는지 패륜까지 저지르네요.

노회찬 어찌 보면 이명박 정권의 등장 자체가 패륜이었다고 볼 수 있죠. 흔히 민주당에서 한나라당으로 정권이 넘어갔다고 말합니다. 우리나라에서 가장 센 정당이 그들이니까 그렇게 말할 수 있겠지요. 하지만 저는 그렇게 생각하지 않습니다. 왜냐하면 역사적인 흐름이라는 게 있습니다. 이른바 1987년을 기준으로 그 이후 시대는 어쨌든 민주화 시대입니다. 1987년 이후로, "민주도 좀 해보다가 안 되면 독재도 해보자"라는 생각을 가진 사람은 아무도 없어요. 6월항쟁이 마련한 국민적 공감대는 이제 민주주의 시대라는 겁니다. 다만 어떤 민주주의냐? 빠른 민주주의 혹은 느린 민주주의가 있겠고, 정치적인 민주주의와 경제적인 민주주의가 있을 겁니다. 지금은 이런 여러 요소를 선택하고 경쟁하는 시대라는 거죠.

처음에는 민주주의를 끌고 가라는 위임을 받은 세력의 분열 때문에 노태우 정권이 탄생했고, 또다시 집권 야욕 때문에 구 독재 세력과 야합한 김영삼 정권이 생겨났습니다. 그 때문에 실제 민주주의 정부는 김대중 정부부터 였습니다. 물론 김대중 정부도 한계가 있을 수밖에 없었습니다. 실책도 있었고요. 노무현 정부도 마찬가지입니다. 그렇다면 좀 다른 방향의 민주주의, 그러니까 실책을 넘어서고 한계를 극복하는 민주주의 정부가 들어서야 역사의 흐름에 맞습니다. 과거의 기득권을 빼앗겨 가고 있는 세력들이 자신들의 영화를 찾겠다고 나선 것을 국민적으로 용인해버린 것이 지난 대선이었습니다. 그런 점에서 지난 10년 동안 정권을 담당했던 세력에도 책임은 있습니다.

이명박 정권의 성격 자체가 시대적 흐름에 역행하고

있기 때문에 예외적으로 집권했다고 보는 게 맞습니다. 기득권 세력들은 잃어버린 10년이라고 말하지만 그들이 가진 것은 잃어버릴 것밖에 없고, 잃어버려야 정상이고, 잃어버려야 역사의 발전은 가능합니다. 과거 김영삼 정권도 시작할 때는 지지율이 70~80퍼센트였습니다. 반면에 이명박 정권은 왜 처음부터 30퍼센트로 계속 갔을까요? 대통령 당선은 여러 정치적인 상황 속에서 어부지리로 얻었다고 하더라도 시대에 맞는 온전한 기능을 할 수 있는 정권은 아니었던 거죠. 그래서 남북 문제나 민생 문제, 민주주의 문제 등 모든 부분에서 후퇴가 일상화된 것입니다. 여기에 대한 경계심과 불안감, 반발심 등이 촛불 집회는 물론 조문 정국의 바탕이 되었던 게 아닌가 싶습니다.

말만 앞세운 진보 진영의
지사 캐릭터들

지강유철 국민장이 있던 바로 그날 대법원은 삼성에 무죄판결을 내렸습니다. 삼성이란 거대 권력에 맞섰고, 그때의 기록을 『나를 기소하라』는 책으로 남긴 대표님께서는 참담할 것 같습니다.

노회찬   일단은 판결 자체나 현재 우리 법원의 시각이 국민의 생각과 너무 동떨어져 있다는 지적을 할 수 있겠습니다. 대법원인지 삼성 변호인단인지 분간이 안 갑니다.(웃음) 이번에 대법원이 채택한 논리는 삼성 변호인단이 채택할 수 있는 논리에 불과했습니다. 어려운 사건도 아닙니다. 상속세를 낸다고 해서 경영에 전혀 타격을 받지도 않을 거대 재벌이 정상적인 상속세를 피하기 위해 편법으로 불법 상속을 한 것이니, 이것을 바로잡는 것은 진보도 아닙니다. 보수냐 진보냐가 아니라 그냥 상식과 합리가 통하는 사회냐 아니냐의 문제였습니다. 노무현 전 대통령의 장례식이 거행되는 날 이런 판결을 한 것은 그야말로 비겁합니다.

지강유철 더 기막힌 것은 신영철 대법관 문제로 국민들에게서 그토록 따가운 눈총을 받고 있는 대법원이 너무도 뻔뻔하게 이런 판결을 했다는 겁니다.

노회찬   저는 이것이 하루 이틀의 문제가 아니라고 봅니다. 우리나라 법원이 일관되게 보여주었던 정치적 성향과 자신들의 기득권을 신성불가침으로 여겨온 것에는 하등 변화가 없었던 겁니다. 그래도 정치권은 잘하든 못하든 간에 늘 심판을 받으며 여기까지 왔습니다. 그러나 사법부는 대외적인 반성이 없지는 않았지만, 그 물이 그 물인 상태에서 여기까지 온 겁니다. 사법부는 어떻게 할 수도 없는 온 국민의 우환 덩어리입니다. 우리 사회의 모든 이해, 갈등, 다툼이 멈추는 현장이 되어야 할 사법부가 오히려 갈등의 출발점이 되고 있습니다. 검찰은 말할 것도 없고요.

김현진 맞아요. '어차피 저놈들이 옳은 말을 할 것 같지는 않았어'라는 불신까지 받고 있는 판에 무엇을 하려는 것인지……. 정말 우울해요.

노회찬 이것은 몇몇 판사의 문제가 아닙니다. 조금 떨어져서 보면 우리 사회에서 무엇이 더 큰 힘을 가지고 있고, 무엇이 더 지배적인 것인지를 보여주는 중요한 문제죠. 저는 이 문제를 민주화의 시각으로 바라봅니다. 언젠가 지적했습니다만, 80여 만 원 훔친 중국집 배달원이 징역 10개월을 받는 반면에 3,000억 원을 해먹은, 그것도 형제간의 다툼 때문에 모든 증거가 다 드러난 사람은 구속조차 안 되었습니다. 회삿돈 3,000억 원을 횡령해서 가정부 월급을 준 사람은 집행유예를 받은 겁니다. 그런데 판결문을 보면 "다년간 경제발전을 위해서⋯⋯."(일동 웃음) 세 살짜리 아이가 저지른 잘못은 용서하더라도 서른 살짜리 어른이 저지른 잘못은 더 크게 처벌해야 하는 거잖아요. 사회적 인 지위와 권한을 가졌던 사람을 더 엄하게 처벌해야 하 는데, 우리 사회는 오히려 그것이 감형의 사유로 버젓이 명시됩니다.

"평생을 노동자로 살면서 근대화를 위해 희생한 것을 감안하여⋯⋯." 이런 것은 없잖습니까?(웃음) "평생을 농 민으로 국민들의 식량을 위해⋯⋯." 이런 것도 없습니다. (웃음) 같은 사람이 아닌 겁니다. 법 앞에 만인이 평등한 것이 아니라 기득권층들은 사법부의 판결 앞에서도 기득 권을 인정받는 겁니다. 2등 국민은 대법원에서도 2등 국 민으로 대우받아도 된다는 것이 사법부의 현실 인식이 고, 이렇게 생각하는 사람이 국민 중에 극히 일부인데도 가장 큰 힘은 저들이 가지고 있습니다. 이것은 우리 사회 가 덜 민주화되었기 때문입니다. 아직까지 다수의 대한 민국 국민은 주류가 아닌 거죠. 헌법상의 국민은 여전히 비주류입니다.

김현진 비정규 국민이죠! 애들이 비꼬면서 하는 이야기가 있어
요. 차라리 국민을 내신처럼 재산순으로 8등급으로 나누
어 "너는 7등급이기 때문에 이런 대접 받는다"라고 인정
하라는 겁니다. 그러면 덜 억겨울 테니…….

지강유철 대표님께서 지적했지만 상처가 깊고 오래갈 것이라는 이
야기는 상처가 깊은 만큼 물음도 깊어진다는 의미로 받
아들여집니다. 지식인의 사명이 비판이라는 것은 인정하
지만, 국민들이 세대와 성별을 망라해 노무현 전 대통령
을 추모하는 중에 일부 지식인들이 쓴 글들을 읽는 일은
괴로웠습니다. "그 죽음 앞에서 한 달을 지속 못할 입에
발린 칭송도 싸구려 신파조의 추억담도 모두 접"으로라니!
"이상주의자 노무현과 오만한 신자유주의자 대통령 노
무현을 동시에 기억해야 합니다. 우리는 용서하되 기억
해야" 한다니요. 비판이야 자유지만 국민들을 깔보는 언
사는 불쾌합니다. 최소한의 예의는 좀 지키자는 겁니다.
우리 국민들이 너무 쉽게 잊는다는 것을 기정사실화하는
것처럼 보이는 지식인들의 생각은 반쯤만 옳습니다. 대
한민국 국민들만 그런 것도 아니지 않습니까? 사실 우리

사회의 쉽게 끓었다가 쉬이 식는 현상은 언론의 생리가 아닐까 합니다.

김현진 기륭전자 파업 때, 저는 단식하면서 화장했다고 욕먹었어요. 자기들은 밥 잘 먹고 인터넷사이트 보면서! 하여튼 애들이 지엽적이야.(웃음) 그때 제가 단식을 총 38일에 걸쳐 했는데, 하루하루 비쩍 마르니까 허탈한 거예요. 거기는 재미있을 건더기가 없으니 몸밖에 갖고 놀 게 없잖아요. 심심해서 마스카라 가지고 놀았더니 욕을 먹은 거죠. 그렇게 욕할 시간에 입금이나 하지!(웃음) 표 나게 진보를 내세우는 애들이 말장난에 너무 도취되어 있는 거 같아요. 진보 진영 애들은 반으로 갈려요. 뭔가 지사처럼 굴려는 애들이 있고, 머리에 든 게 없어서 우리는 그런 거 잘 모르겠다고 말하는 애들도 있죠. 저는 딱 그 중간에 서 있어요.

제가 박종태 열사의 가족을 돕기 위해 바자회를 열었는데, 그때 지사 캐릭터들은 전혀 동조해주지 않았어요. 도리어 싸구려 센티멘털리스트라고 비웃었죠. 센티멘털리즘이건 뭐건 박종태 열사의 아이들이 초등학생인데 학원은 보내주어야 할 거 아니에요. 반면에 후자의 애들은 영화 표 2장이나 문화상품권 3장을 들고 쭈뼛쭈뼛 오고 그랬어요. 저는 그런 애들을 더 믿어요. 그래서 지사 캐릭터들에게 "이제 말은 되었고, 행동으로 좀 보여주라"고 말해주고 싶어요.

세상에 불법 조문도 있는가?

노회찬   저도 그런 지식인들을 곳곳에서 보았습니다. 물론 지식인 전체가 그런 것은 아닙니다. 지식인 사회에서만 도를 넘어선 반응이 나온 것도 아니고요. 저는 이 문제가 진보니 보수니 하기 이전에, 개혁이니 민주 이전에, 이 모든 것을 넘어서는 인간의 자존심 문제라고 생각합니다. 인간으로서 품격을 스스로 지키는 게 중요합니다. 이런 상황에서 어떤 예의와 품격을 지켜야 하는지는 복잡한 문제가 아니지요. 다른 쪽에서 추모 인파를 비판하는 것은 그러려니 합니다. 그러나 소위 진보를 자처하는 분들이 그렇게 하는 것을 보면, 바로 그런 사고가 국민들과 진보세력의 간격을 좁히지 못하게 한다고 생각합니다. 국민과 진보세력의 거리감은 그냥 생긴 게 아닙니다. 뿌리가 있는 겁니다..이성적으로는 맞는 말일지라도 상중에는 조심했어야 한다고 생각합니다. 그런 지식인들은 사안 자체를 정확하게 못 보고 있습니다.

사실 촛불집회도 한없이 미화만 할 문제는 아니거든요. 그 긍정적인 에너지를 예상도 못했던 사람들로서 '왜 우리는 예상을 못했는가', '우리는 촛불 현상을 어떻게 받아들일 것인가' 따위의 문제를 정확하게 보아야 합니다. 자기들이 나서서 불을 지피면 언제든지 촛불이 타오를 것처럼 오버하면 안 되죠. 물론 촛불도 한계가 있습니다. 2008년에는 광우병 쇠고기 문제로 사람이 많이 모였지만, 용산 참사 때는 그렇게 모이지 못했습니다. 시대적인 한계라는 게 있거든요. 그 때문에 지식인들이 자기들이 가르치면 사람들의 의식이 바뀔 거라고 생각하는 것은 또 다른 극단적 사고라고 봅니다. 이것은 이것대로, 저것은 저것대로 이해해야 합니다. 3·1운동 끝났다고 독립운동이 끝났습니까? 3·1운동도 사회과학적으로는 한계가 있었습니다. 그렇지만 3·1운동은 독립운동의 큰 흐름에 영향을 미친 긍정적인 측면이 있습니다. 유사하지만 3·1운동과 다른 6·10만세운동이나 광주학생운동도 있었습니다. 이 모든 것이 사실은 밑으로 다 연결되어 있는 거죠.

이번에 드러난 것은 노무현 정신이 죽음을 통해서 다시금 공감대가 재확인되고 확산되는, 이제는 누구도 지울 수 없는 역사의 성과물이 되었다는 겁니다. 다만 노무현 정신이 있다면 노무현의 정책과 노선도 있었다는 거죠. 노무현 전 대통령이 왼쪽 깜빡이를 켜고 오른쪽으로 갔다는 평가가 잘못된 것은 아니라고 봅니다. 왼쪽 깜빡이를 켰던 것도 사실이고, 오른쪽으로 갔던 것도 사실입니다. 모든 정책이 다 오른쪽으로 간 것은 아니지만 주요 정책이 오른쪽으로 간 것도 맞습니다. 물론 왼쪽 깜빡이를 켜고 왼쪽으로 갔으면 더 좋았겠지요. 그러나 저는 왼쪽 깜빡이를 켠 것이 노무현 정신이라고 봅니다.

노무현은 존재 자체, 아니 당선된 그 자체가 가장 친서민적인 이미지를 가졌지요. 서민과 비주류의 승리라고 볼 수 있는 측면이 노무현에게는 있었습니다. 권위주의 타파를 비롯해 정치적으로 여러 부분에서 기여한 것도 사실입니다. 오른쪽으로 갔던 부분에 대해서도 노무현 전 대통령은 이미 이 세상 사람이 아니기 때문에 따져 물을 것은 아니지요. 지금 그것을 따져 물어서 어떻게 하겠다는 겁니까? 비정규직 문제나 한미 FTA 문제를 어떻게 하느냐의 문제는 남아 있는 사람들의 몫이 되었습니다. 자신은 이런 문제에 대해 신경 쓸 필요 없는 곳으로 가서서 편히 지내라는 게 우리 모두의 마음 아니겠습니까? 역사적인 평가는 시간이 좀 지난 뒤에 해야겠지요.

김현진　촛불집회를 미화하는 게 안 좋다고 했잖아요? 사실 용산에는 사람들이 안 모였거든요. 저는 구정이 있어 그렇다고 애써 믿고 있지만……. 그럼 촛불집회가 남긴 게 뭐냐, 양초업자들로 인한 내수경기 진작인가요?(웃음) 촛불집회는 실체가 없잖아요. 그래서 어렵다고 생각해요. 노무현 전 대통령이 서거한 당일 택시를 탔는데, 택시 기사가 노인이었어요. 서울시청 광장을 차벽으로 막은 경찰이 불법 시위하는 사람과 조문객은 구분해야 한다고 말하니, 그 택시 기사가 흥분해서 '이 세상에 불법 조문도 있느냐'고 하더라고요.(웃음) 그래서 저도 이 정부는 불법 애도, 불법 추모, 불법 분향, 불법 슬픔을 만들 거라고 했죠.

갑작스러운 서거 소식이 인간적으로는 너무 속이 상한데 걱정스럽기도 해요. 노무현 전 대통령은 지금 폭발한 소행성처럼 모든 이슈를 빨아들이고 있어요. 후일에 노무현 전 대통령에 대한 공과功過를 판단하게 된다면 지금 현재의 민주주의는 매우 훌륭하지는 않을 거 같거든요. 너무 굶었기 때문에 라면에 계란 하나 풀고 밥 한 공기 말아먹는 정도의 온기로도 따스하고 배부르다고 느끼는 것은 아닐까 싶어요. 하지만 지금 당장 굶는다고 라면을 미화하는 것은 끼니에 대한 예의가 아닙니다. 그의 시대에 쓰러져간 것들이 다시 씹혀버리면 노무현 정권은 정말 아무것도 아니게 되죠. 굉장히 많은 것이 사라져갔는데 큰 별이 졌다고 해서 작은 별들이 무시되는 것 같아 걱정입니다. 우리가 환상을 품었던 노무현 전 대통령이 진짜라면 죽음으로써 자기 시대의 모든 과실이 덮이기를 원치 않았을 겁니다.

노회찬   노무현 정신에 대한 공감이 더욱 굳건해진 지금, 우리의 과제는 노무현 정신이 현실의 정책으로 실현되게 하는 거라고 생각합니다. 그것이 우리가 가야 할 방향입니다. 노무현 정신을 부정하거나 노무현 정신이 잘못되었다고 이야기하는 사람들은 강남의 부자들이고, 그들은 노무현 정부의 등장 자체를 못마땅하게 생각했던 사람들입니다. 진보 진영이 노무현 정부의 출현을 대단히 긍정적으로 보았지만, 마찰을 계속했던 것은 노무현 정신을 부정했기 때문이라기보다는 그 정신을 실현해가는 해법의 차이 때문이었을 겁니다. 전직 대통령을 평가하는 문제는 역사에 맡기고 우리는 노무현 정신이 반영되는 현실을 만들어야겠지요.

바탕이 같기 때문에
토론이 가능했던 노무현

지강유철 노무현 전 대통령이 좌회전 깜빡이를 켜고 우회전을 했다는 지적은 맞는 것 같습니다. 그러나 이명박과 노무현이 같다는 식의 진보 지식인들의 비판은 정책에 대한 정당한 비판을 넘어서 지나치게 감정적으로 들립니다. 이러한 일부 진보 진영의 노무현 비판으로는 상식적인 국민들을 이해시키기가 어렵다고 봅니다.

노회찬 　저도 그런 비판이 없었다고는 보지 않습니다만, 진보 진영을 대변할 정도는 아니었다고 생각합니다. 그리고 그런 비판은 설득력도 떨어지니 비판의 효력도 없을 겁니다. 노무현 전 대통령은 좋은 사람이니까 비판하면 안 된다고 말하는 사람들이 있는데, 결국 마찬가지인 거죠.

지강유철 　저도 그런 사람들의 존재를 부정하지는 않겠습니다.

노회찬 　저는 바로 그런 사람들이 오히려 노무현 전 대통령에게 피해를 주었다고 생각합니다. 극단적인 양상으로 보자면 양쪽 사람들이 다 마찬가지입니다. 이 부분은 더 세부적으로 들어가고 싶지는 않습니다. 제가 2004년에 국회의원이 되자 청와대에서 민주노동당 국회의원 10명을 초청한 적이 있습니다. 저로서는 노무현 전 대통령을 10년 만에 다시 만났던 겁니다. 제가 1994년에 노무현 전 대통령을 초청한 적이 있었거든요. 진보정당추진위원회(진정추) 대표로 있을 때 강사로 모신 적이 있습니다. 그때는 주변 동료들이 반대를 했습니다. 왜 반대하냐고 하니까, "지금은 의원이 아니지만 얼마 전까지 의원을 했던 현실 정치인이 아니냐?"는 거예요.(일동 웃음) "그러면 현실 정치인은 부르면 안 되느냐? 우리가 하려는 진보정당은 비현실적인 정치를 하려는 것이냐?" 하고 물었습니다.

김현진 비현실적인 정치, 하하하!

노회찬 "우리도 현실 정치하려고 정당을 만들려고 하지만 힘이 없어서 못 만들고 있는 거 아니냐?"고 했지요. 지방자치에 대해서 공부도 제일 많이 했고 시각도 괜찮으니 우리가 이분에게 배워야 한다고 했어요. 노무현 전 대통령도 당시는 소위 운동권과 거리가 있었거든요. 진정추라고 하면 운동권인데 운동권이 불러주니까 고맙게 생각했어요. 그리고 강연이 끝나고 가실 때 진보정당 잘해보라고 격려해주었지요. 그게 1994년의 일입니다. 그러다 2004년에 제대로 만난 겁니다. 제가 국회의원이 된 것을 진심으로 축하해주더군요. 저를 보고, "노씨 중에 스타가 한 명이었는데, 두 명이 되었다"고 했습니다.(웃음)

운동권 출신답게 앉자마자 2시간 동안 이라크 문제와 새만금 문제 등을 놓고 열띤 토론을 했습니다. 밥을 먹는지 마는지 모를 정도였습니다. 때로는 매우 격앙된 표현을 쏟아냈어요. 노무현 전 대통령과 바탕이 같았기 때문에 그런 토론이 가능했다고 봅니다. 이명박 같으면 토론이 되었겠습니까?(일동 웃음) 상대적으로 유시민 의원은 일체의 비판에 대해 소화가 잘 안 되는 것 같더라고요. 힘 없는 쪽에서 하는 비판이라 그렇게 부담스럽지 않을 텐데, 왜 저럴까 싶었습니다. 물론 가장 가까운 쪽에서 하는 비판이기 때문에 아팠을 겁니다.

지강유철　그런 측면이 있었을 겁니다.

노회찬　유시민 의원은 한나라당이 못 잡아먹어서 난리인데, 도와주지는 못할망정 왜 아픈 데를 찌르느냐는 것이었겠지요. 저쪽은 계속 그렇게 생각하는 것 같고, 우리는 "언제 우리 보고 제대로 같이해보자고 한 적이 있었느냐?"고 섭섭해했던 것 같습니다. 대연정은 우리에게 제안했다가 안 되니까 저쪽과 함께하자고 한 것도 아니지 않습니까? 프러포즈는 저쪽에 해놓고 "야, 우리는 애인 관계잖아" 그런 거 아니에요?(일동 웃음) 그러다 결정적인 순간에는 진보 진영으로 가는 표는 사표라고 했습니다. "여기도 표를 좀 주어라"는 식으로 이야기를 했으면 모르겠는데, 사표라고 했다는 말입니다.

김현진　치사한 방법이죠.

노회찬　2002년 12월 17일 밤, 대통령 선거 운동 끝내고 투표를 기다리던 때를 생각하면 기억나는 세 사람이 있습니다.

이름을 잊지 않고 있는데…….(웃음) 그 세 사람 중 일부는 나중에 사과했어요. 제가 걸면 선거법으로 걸리는 부분이었거든요. 그때 그분이 변명하듯이 그래도 노무현 정권이 들어서야 독일식 정당명부 비례대표제가 도입되고 뭐도 되고 그러지 않겠느냐는 겁니다. 하지만 지금은 과거의 문제를 가지고 하나하나 따질 때가 아니죠. 이제는 그 시대조차도 막을 내린 거잖아요. 과거를 복기하듯이 그때 어땠어야 하지 않느냐는 이야기는 역사적 평가 차원으로 승화시켜 다룰 문제지, 말꼬리를 잡아 문제 삼을 일은 아니라고 봅니다. 다만 이 현실에서 한 걸음이라도 내딛는다면 어느 방향으로 누구와 함께 내딛을 것인가 하는 질문은 지극히 현실적으로 고민해야 할 문제가 아닐까 싶습니다.

지강유철　이제 노무현 전 대통령은 서민 대통령이라는 이미지가 완전히 굳어진 것 같은데요. 누구보다 비정규직을 비롯한 서민들을 위해 고생한 진보신당의 대표로서 좀 아쉽거나 억울하지 않으세요?

노회찬　노무현 정권 1년이 지났을 때였어요. 지난 1년간 잘한 일과 못한 일을 한 가지씩 이야기하라고 해서, "당선된 것은 참 잘한 것이지만 그거 말고는 잘한 게 없다"고 했습니다. 저는 민주노동당 권영길 후보를 지지했지만 노무현 정부의 출범이 갖는 역사적 의미는 크다고 본 겁니다. 이라크 파병을 비롯해서 국민들을 실망시킨 부분이 없지 않지만, 노무현 정부는 그 이전 정부들과는 다른 독특한 정부였습니다. 역사적 의미가 크다고 생각했습니다. 당선된 것밖에 잘한 게 없다고 했지만 사실은 그것이 제일 잘했다는 의미였고, 그 평가는 여전히 유효합니다.

진보를 향한 국민들의 열망

김현진　노무현 전 대통령을 서민 대통령이라고 하는 것은 '비교적' 서민 대통령이었다는 의미일 거예요.

노회찬　이 상황을 다르게 해석한다면, 서민 대통령은 좋은 것이라는 사회적 합의가 이루어졌다는 의미입니다. 서민 대통령이라면 그것이 노무현이든 누구든 좋다는 광범위한 공감대가 형성된 것만으로도 역사의 진전입니다. 노무현 전 대통령이 얼마나 서민 대통령이었느냐는 둘째 문제지요. 서민 대통령이 어떤 정치를 해야 하느냐의 문제는 우리에게 남겨진 과제입니다. 역사는 단 한 번에 이루어지지 않습니다. "노무현은 당신이 이야기한 그 문제 많은 법안을 통과시킨 사람인데, 어떻게 그가 서민 대통령이냐?"는 식으로 접근하면 안 되는 겁니다. 사실 진보신당의 가장 큰 문제는 무엇입니까? 자기들이 대변하고자 하는 서민이나 비정규직들에게서 제대로 대접을 못 받는 거 아닙니까?

지강유철 그것이 가장 큰 문제지요.

노회찬 그 책임은 서민들의 낮은 정치의식에서 비롯되었다기보다는 더 다가서지 못했던 주체들에게 있거든요. 노무현 전 대통령의 장례를 치르면서 대통령은 서민이어야 한다는 이야기의 의미가 저는 출신만을 이야기하는 것은 아니라고 보았습니다. 정책이 서민 중심으로 나아가야 한다는 거죠. 그러나 실상 많은 분이 그렇게 생각하면서도 구체적인 정책으로 가면 두 쪽으로 갈립니다. 하지만 어쩔 수가 없어요. 시간이 흘러야 하는 겁니다. 회를 써는 것과 생선을 해부하는 것은 다른 것이거든요.(웃음) 생선을 해부하는 것은 먹는 것과 관계가 없어요. 정치는 회를 써는 것이지 생선을 해부하는 게 아닙니다. 생선을 해부하듯 회를 썰면 해부는 했을지 몰라도 먹기는 곤란합니다. 이런 일이 진보 진영에서 왕왕 생겼습니다.

지강유철   노무현 전 대통령은 개혁과 진보를 표방하는 다수의 사람이 볼 때 명백한 한계가 있었지만, 국민의 마음을 움직였습니다. 대통령 사저 앞을 경비하던 전경의 전역 인사를 받고 노무현 전 대통령이 고개 숙여 인사하던 모습을 보며 국민들이 얼마나 감동했습니까? 진보정당은 왜 국민들을 그렇게 감동시키지 못했을까요?

김현진   방금 말씀하셨잖아요. 배고픈데 먹지도 못하게 해부를 하니까.(웃음)

노회찬   제가 볼 때 우리 국민들이 노무현 전 대통령에게 보내는 지지는 진보를 향한 열망이라고 봅니다. 진보 진영의 문제의식에 따르면 진보 진영과 노무현은 차별화가 되어야 하는데, 그 차별화도 성공시키지 못했습니다. 국민들에게는 양쪽이 비슷해 보이는데 한쪽은 현실을 책임지고 있고, 한쪽은 책임감이나 책임질 권한도 없었습니다. 그럴 위치도 아니었고요. 하지만 진보 진영은 "노무현이 그렇게 하면 안 되지!" 하는 문제의식으로 5년 내내 떠들었던 것입니다.

지강유철   그러면 이제부터는 어떻게 해야 할까요?

노회찬   이명박 정부가 민주주의를 후퇴시키고 1987년의 성과 이전으로 되돌린 것은 사실입니다. 그러면 우리도 1987년 이전으로 되돌아가야 할까요? 그것은 아닙니다. 6월항쟁은 민주 대 반민주가 승리하는 기폭제가 되었고, 민주주의 시대를 열었습니다. 다시 권위주의 시대로 회귀하지 않는다는 뜻입니다. 일시적으로 이명박 정부와 같은 반동의 시기는 있을지언정 민주화를 완강하게 역전시킬 수는 없다고 봅니다. 이제 명시적인 반민주 세력은 존재하지 않습니다. 반민주 출신인 한나라당조차도 자신의 과거를 지우고 문신도 지우고 자신들이 국민을 먹여 살리는 보수라며 변신을 했습니다. 그렇게 하지 않으면 이 시대의 한 축이 될 수 없거든요. 여기에 맞서기 위해 존재하지도 않는 반민주 세력을 상정해 민주 세력 다 모여라, 이렇게는 잘 안 될 겁니다. 그래서 지난 대선도 실패했거든요.

이제 국민들은 모여서 무엇을 어떻게 하겠다는 거냐고, 너희들에게는 어떤 대안이 있느냐고 묻고 있습니다.

6월항쟁 정신을 계승하면서 이제는 7~8월의 노동자 대투쟁을 수용해야 합니다. 지난 20년간 6월을 이끌었던 사람들이 정권을 담당해왔습니다만, 이 정권들은 7~8월의 노동자 대투쟁을 무시해왔습니다. 6월항쟁 정신과 노동자 대투쟁이 만나야 합니다. 노무현 정신은 구시대의 막내가 아니었습니다. 새 시대의 맏이 지위에 있었던 겁니다. 다만 노무현의 현실이 구시대의 막내였던 것이고, 그 괴리감 때문에 여러 가지 일이 있었던 거죠. 이제는 노무현 정신을 정신으로만 계승하면 안 되고 온전히 그 정신을 실현하는 데까지 나가야 합니다. 그렇게 하는 것은 이제 우리의 몫이 되었습니다. 과거의 추억을 팔아서 정치를 해서는 안 됩니다. 시간이 오래 걸리고 힘들더라도 그 길로 나아가야 합니다.

노회찬
과
진보정치

황광우 전 민주노동당 중앙연수원장은 "사람들은 노 의원의 이력에서 붉은 냄새를 맡을 것이다. 그렇다. 노 의원은 대한민국이 세계 무대에 자랑해도 좋을 정통 사회주의자이다. 그는 소외받는 노동자의 해방을 애타게 갈구하며 살아온 사람이다. 입으로만 사회주의를 외치는 분들과 달리 그는 정녕 사회주의를 위하여 목숨을 걸고 실천했고, 지금도 그 길을 걷고 있다"고 말한다. 사회주의자는 한국에서 빨갱이라는 말과 일맥상통하기도 한다. 남들은 좌파라는 지적만 받더라도 정색을 하고, 손사래를 치기 바쁜 상황에서 노회찬 의원은 에둘러 말하지 않는다. 당당하게 자신이 좌파임을, 사회주의 정치인을 존경하고 있다고 밝힌다. 노회찬 의원은 많은 국민에게 청량음료와 같은 시원한 존재다. "인권을 소금에 비유하는 것은 적절치 못하다. 소금은 많이 넣으면 소금국이 되지만 인권은 아무리 강조해도 지나치지 않다." 촌철살인의 비유다. 노회찬 의원은 "재미있는 화술은 현란한 기교를 동원하는 것이 아니라, 사물에 대한 온전한 이해를 바탕으로 지적인 여유가 있을 때 가능하다. 상대방의 눈높이에 맞춰 이야기하는 것이 중요하다"는 말을 강조했다 (이 인터뷰는 2005년 5월 6일 국회 의원회관 712호실에서 진행되었다).

민주노동당의
원내 진출 1년

밖에서 본 국회와 안에서 느낀 국회는 어떻게 다르던가요? 기존 정치인들의 문화 같은 것 때문에 당황한 경우도 있을 것 같은데요.

    개인적으로 솔직히 말씀드리면 우리 국민들로서는 국회의원들에게 할 수 있는 모든 것을 다해주고 있구나, 더 잘해줄 수 없을 정도로 최상의 것을 해주고 있구나, 그런 생각이 들었습니다. 국회의원의 주요 임무가 입법 활동과 정책 활동이고 대정부 감시라면 그것을 하기 위해 거의 완벽에 가까운 권한과 인적 · 재정적인 지원을 하고 있습니다. 이것을 제대로 활용하지 못하는 것이 오히려 문제라고 봅니다. 그런데 국회의원이 국민들을 위해 무엇을 해주고 있느냐는 점에서는 상당히 부족한 게 많다고 봅니다.

밖에서 보는 것과는 달리 한나라당과 열린우리당 안에도 능력 있고, 국민들의 세금이 아깝지 않은 분들이 꽤 있다는 생각을 했습니다. 그러나 당이라는 게 참 무섭다는 생각도 가졌습니다. 정당이라는 조직이 가진 규정력規定力이 상당히 큽니다. 개인적으로 굉장히 훌륭하고, 정말 큰 차이가 없는 사람이 있었지만, 정당이라는 틀 속에서는 꼼짝하지 못하는 경우를 참으로 많이 보았습니다. 그래서 정말 시스템이 중요하구나, 시스템이 훨씬 결정적이구나 하는 생각을 많이 갖게 되었습니다.

민주노동당 원내 진출 1년을 스스로 어떻게 평가하십니까?

이만큼 온 것은 한국 정치사에서 큰 족적을 남기는 의미 있는 사건이라고 봅니다. 지금 우리나라 정치가 큰 전환기에 놓여 있는데, 그 속에서 민주노동당이 해야 할 역할이나 차지해야 할 위상이 적지 않다고 보고 있습니다. 그러나 아직은 현실을 파악하고 이해하는 데 급급했을 뿐, 초기부터 강력하게 많은 사람의 기대를 충족시키는 적극적인 행보를 하지 못한 것은 사실입니다. 그런 점에서 대단히 아쉽고, 부족함이 있다고 생각되고, 또 실망시켜드린 점이 있다면 죄송하다고 생각합니다. 그러나 이제 겨우 시작일 뿐이고, 끝난 것은 아니라는 겁니다. 민주노동당은 길바닥에서 자란 잡초 같은 풀입니다. 한 번도 온실에 있지 않았습니다. 아직은 초심을 버리지 않았다고 자부하고 있습니다. 진보정당 특유의 진취적인 기상과 서민정당으로서 정책 내용을 갈고 다듬어서 빠른 시일 내에 국민들에게 감동을 주는 정책정당, 뭔가 국민들로 하여금 희망을 가질 수 있는 서민정당으로 확실하게 우뚝 설 생각입니다.

4월 30일 재·보궐 선거에서 성남시 중원구의 정형주 후보가 여론조사에서 1위를 차지하기도 했지만, 선거에서는 아깝게 낙선했는데요. 이번 재·보궐 선거 결과를 어떻게 평가하십니까?

　　재·보궐 선거는 아시다시피 투표율이 대단히 저조합니다. 세 명 중 한 명도 채 안 되는 낮은 투표율을 보이고 있기 때문에 저희가 여전히 전체적인 지지율이 앞서 있다고 하더라도 투표하는 층에서는 불리합니다. 특히 민주노동당 지지층이 출퇴근을 하는 분이 많고, 그날이 토요일이었지만, 비정규직 영세 사업장에서는 다 일을 하거든요. 그렇기 때문에 투표에 참여하지 못함으로써 생기는 안타까운 현실이라고 생각됩니다. 물론 제도적으로는 재·보궐 선거에서 부재자 투표 제도를 바꾸려고 하고 있습니다. 그런 것들이 바뀌게 되면 나아지겠지만, 저희는 한편으로 대단히 아쉽고, 한편으로 수도권에서 이만큼이라도 선전했다는 점에서 새로운 가능성을 열어놓았다고 생각합니다.

이번 재·보궐 선거를 통해 한나라당 박근혜 대표의 주가가 많이 올라갔는데요. 정치인으로서 박근혜 대표를 어떻게 평가하십니까? 세간에는 '수첩공주'라는 폄하도 있지만, 엄청난 정치적 영향력을 가진 것은 사실이거든요.

글쎄요. 제가 그 수첩을 못 보았기 때문에…….(웃음) 그런데 그런 것을 다 떠나서 박정희 대통령과 박정희 독재와 박정희 정권의 이미지는 청산되어야 할 낡은 역사입니다. 그 이미지가 지금 남아서 왜곡된 동정과 호기심 속에 정치적 영향을 주고 있다면, 그것은 그 시대를 거쳤던 모든 사람의 자괴감을 더할 뿐이라고 생각합니다. 그런 점에서 제가 개인의 처신을 이래라 저래라 할 처지는 아니지만, 박정희를 극복하는 문제는 개인의 문제가 아니라 찬반이 따로 없는 시대적 소명이라고 할 수 있을 것 같습니다.

한나라당이 압승을 해서 열린우리당은 엄청난 충격을 받은 것 같은데요. 그 부분에 대해서는 어떻게 생각하십니까?

제가 볼 때는 한나라당이 잘해서 그런 결과가 나왔다고 전혀 생각하지 않습니다. 오히려 열린우리당에 대한 두 가지 실망감 때문이 아닌가 생각하는데요. 첫 번째는 민생이 여전히 어렵다는 것이고, 두 번째는 개혁이 실종된 것이 아닌가 하는 것입니다. 최소한 둘 중 하나라도 되었다면 그렇게까지는 안 되었을 텐데, 둘 다 안 되니까 열린우리당이나 현 정부로서도 국민들에게 변명할 명분이 없는 것 아닌가 생각합니다. 다만 저는 민생을 돌보느라 개혁을 후퇴시킨다거나 하는 식으로 상관관계가 있다고 보지는 않습니다.

열린우리당은 왜
한나라당의 눈치만 보는가?

유시민 의원이 MBC라디오 〈손석희의 시선집중〉에서 "연대에는 양
보하는 태도도 필요한데, 민주노동당이 너무 경직되어 연대의 비용
이 많이 든다"는 이야기를 했는데요. 그 말에 대해서 어떻게 생각하
십니까?

　　일단 사실에 부합되지 않는 이야기입니다. 유시민 의원은
아마 자신의 선입견을 말씀하신 것 같습니다. 유시민 의원
이 직접 그런 협상을 하지 않기도 했지만, 그것을 떠나서 이
번에 과거사법만 보더라도 민주노동당의 원래 안이 있었습
니다. 그러나 민주노동당 안이 다 관철된다든가 그것을 중
심으로 뭔가 된다고 생각하지는 않습니다. 우리가 나중에는
'열린우리당의 원안을 고수한다면 지지해주겠다'고까지 이
야기했습니다. 그랬는데도 결국에는 한나라당 안과의 사이
에서 결정되었다는 말입니다. 다른 문제들에서도 그런 경우
가 대부분이었습니다. 앞으로 국가보안법을 처리할 때도 보
십시오. 국가보안법은 열린우리당 당론이 있는데, 그 당론
에서 조금만 나오면 민주노동당 당론입니다.

그런데 우리는 그것까지 양보할 수 있다는 말입니다. 그런데 열린우리당은 자기 안부터 버리려고 하고 있어요. 지금 과연 그게 뭐냐는 거죠. 국민들이 과반수 의석을 만들어주었는데, 그것은 개혁을 하라고 만들어준 겁니다. 노무현 대통령이 집권 1년차 때 의석이 부족해서 개혁을 하지 못한다는 이야기를 내내 해왔기 때문에 개혁을 하라고 152석을 만들어주었는데, 과연 152석을 가지고 무엇을 했습니까? 152석에 10석을 보태서, 그것을 가지고라도 무엇을 통과시키려고 단 한 번이라도 시도해보았느냐는 겁니다. 그런 점에서 볼 때 전혀 사실과 다르다고 보는 거죠.

개혁 성향을 가진 유권자들은 비교적 건전한 개혁적 보수세력인 열린우리당과 진보세력인 민주노동당이 경쟁을 하는 구도로 갔으면 하는데, 지금 보면 열린우리당이 잘못하고 있는 부분이 많은 것 같습니다. 그래서 다음 선거에서도 안정적인 상황이 되지 않으면 비판적 지지 논쟁으로 끌고 갈 수도 있을 것 같은데요. 그것이 그전만큼 잘 먹히지 않을 거고, 그래서 상황이 더 나빠질 수도 있다는 생각이 들거든요.

지금 정치 구도 자체가 열린우리당에도 바람직한 것은 아닙니다. 왜냐하면 여당이 무엇을 할 때 야당이 좀더 강하게 채찍질을 해야 여당이 원하는 것보다 좀더 가고 그럴 텐데, 지금 보면 제1야당이 열린우리당이 하려고 하는 것을 자꾸 끌어내리는 역할을 하고 있거든요. 그러다 보니까 모든 것이 열린우리당과 한나라당의 사이에서 결정이 되는 겁니다. 우리가 볼 때는 열린우리당 안도 어떤 면에서는 부족한 면이 많습니다.

그래서 열린우리당 안의 플러스 알파에서 결정이 나야 바람직하다고 생각할 수 있는데, 열린우리당 안의 마이너스 알파에서 결정이 나고 있습니다. 그것은 한나라당의 발목잡기 때문에 그럴 수도 있고, 열린우리당이 그것에 대해서 너무 쉽게 넘어가는 측면도 있다고 생각합니다. 오히려 민주노동당이 여당도 아니고 제3당에 불과한 야당이기는 합니다만, 아직도 우리 국민들이 그 어느 때보다도 사회 각 방면에서 개혁을 강력히 원하고 있는 만큼 열린우리당이 소신 있게 당의 정체성에 맞게끔 개혁을 추진해나간다면 사안에 따라 민주노동당과의 연합도 가능할 것입니다.

저는 저희를 10석으로만 보지 말라는 겁니다. 의석은 10석이고, 의석 점유율도 3.3퍼센트밖에 되지 않습니다. 그러나

당 지지율이 10퍼센트는 되는 것이고, 민주노동당이 대변하고 있는 정책들에 대한 국민들의 지지율은 30~40퍼센트는 되는 거거든요. 민주노동당을 통해서 대변되고 있는 정책을 상당수의 국민이 지지하고 있다는 것을 감안할 때 열린우리당이 좀더 자신감 있게 나온다면 이른바 개혁연합을 사안에 따라 추진할 수 있지 않을까 이렇게 보는 겁니다.

그 부분에서는 열린우리당의 지도부가 개혁 의지가 있었다면 내심 민주노동당을 지원한다든가 해서 '이쪽에서는 더 많은 것을 원하니까 중간쯤에서 타협을 하자'고 했어야 할 것 같은데요. 지금 보면 민주노동당을 전혀 파트너로 생각하지 않고 한나라당의 눈치만 보고 있는 것 같거든요. 그런 것에 대해서 불만도 많을 것 같은데요.

대표적인 것이 교섭단체를 안 만들어준다든가 하는 건데요. 교섭단체는 천정배 원내대표를 포함해서 수차례 주요 지도부들이 공언한 것입니다. 제가 열린우리당 주요 간부한테 듣기로는 노무현 대통령도 상당한 관심을 갖고 그런 상태에 대한 희망을 피력한 것으로 알고 있는데요. 그런데 왜 거꾸로 가는가 하면 제가 볼 때는 오히려 열린우리당이 민주노동당의 성장에 대해서 상당히 장래의 라이벌 혹은 위협 세력으로 생각하고 있는 게 아닌가, 그래서 오히려 한나라당과의 대립 구도를 장기적으로 존속시킴으로써 그 속에서 더 많은 지분을 얻을 수 있다는 판단을 하고 있는 게 아닌가 하는 생각도 듭니다. 그런 판단을 하고 있는 거라면 당장 실리에는 도움이 될지라도 사실은 한국 정치의 발전을 바라는 많은 국민을 크게 실망시키는 것이라고 봅니다. 한나라당을 계속 존치시켜서 무엇을 얻으려고 합니까? 어떻게 보면 열린우리당을 위해서 계속 한나라당을 존치시키려고 하는 게 아닌가 하는 의혹이 듭니다.

아직은 상징에 머물러 있는 민주노동당

"현재 민주노동당의 상태는 총체적 위기 상황이며 안이한 현실 인식과 위기의식의 빈곤이 위기를 가중시키고 있다"는 말씀을 했는데요. 어려운 상황에서 전반적으로 잘하고 있다는 평가를 받기도 하지만, 한때 20퍼센트까지 올라갔던 지지율이 10퍼센트 미만으로 떨어졌지 않습니까?

그 이유는 기대에 부응할 만큼 긴장된 대응을 못했다는 것입니다. 구체적으로는 민주노동당의 정체성에 걸맞은 새로운 정책 활동이나 새로운 정치 형태를 좀더 공세적이고 적극적으로 펼쳐 보이지 못했다는 것입니다. 여전히 민주노동당은 진보정당이고, 노동자와 농민을 위한 서민정당이라는 이미지에 의해서 지지율을 유지해가는 측면이 큽니다. 실제 우리 국민들, 특히 서민층에게 감동을 주어 마음속 깊이 파고들면서 성장해나가고 있는 것은 아니라고 생각합니다. 성장도 정체하는 게 아닌가 싶고, 한편으로는 이만큼이라도 했으면 잘한 거 아닌가 하는 생각도 들지만, 저는 그 생각이 위험하다고 보는 거죠. 그 생각이야말로 오히려 민주노동당이 해야 할 일을 못하는 현재의 상태를 뒤덮고 합리화하는 우를 범할 수 있기 때문입니다.

다시 지지율을 높이기 위해서는 어떤 부분을 챙겨야 한다고 생각하십니까?

저는 정말 초심으로 돌아가야 한다고 생각합니다. 국회의원 하나 없을 때의 도전의식들, 그 당시의 절박하고 진취적인 정책 활동들을 지금도 마찬가지로 해야 한다고 봅니다. 서민들에게 더 다가가야 하고, 창조적인 새로운 발상을 많이 할 필요가 있습니다. 어떻게 보면 민주노동당은 과거의 운동권식 정치를 하다가 국회에 들어온 후에 의회정치를 추구하는데, 둘 다 전통적인 방식이 아닌가 하는 생각이 든다는 말이죠. 이것을 극복하는 새로운 유형의 정치를 만들어내는 데 아직은 성공하지 못하고 있는 것으로 보입니다.

"2007년 대통령 선거가 민주노동당의 운명을 좌우할 분수령이 될 것"이라고 말씀했는데요. 어떻게 전망하십니까?

2006년, 2007년, 2008년에 연달아 선거가 있습니다. 사실 민주노동당의 운명은 2008년 총선에서 결정됩니다. 총선이 국회 의석수를 결정짓는 것인데, 2007년 대선에서 민주노동당이 어떻게 선전하느냐에 따라 18대 국회 의석수가 결정될 수 있다고 봅니다. 최소 300~500만 표의 득표를 할 수 있는 잠재적인 역량이 있다고 보는 것이고, 그런 득표의 구체적인 수치보다도 2007년 대선이 결국 우리 정치가 장기적으로 보수와 진보 양대 축으로 가는 데 보수 진영의 새로운 세력인 노무현 정부와 열린우리당, 보수 진영의 구 기득권 세력이고 낡은 세력인 한나라당 간의 최종적인 각축이라고 보고 있거든요. 거기에서 승자는 계속 승자가 되고, 거기에서 패자는 정치 무대에서 도태될 것으로 보고 있습니다. 그리고 2007년 이후의 정치는 보수 대 진보의 양대 축으로 갈 것으로 본다는 말이죠.

그렇게 본다면 2007년 대선에서 민주노동당이 국민들의 신뢰와 지지를 받는 그런 진보세력으로 인정을 어느 정도 받을 경우에 그 이후 국면에서 양대 축의 한 축으로서 뿌리를 충분히 내릴 수 있을 것입니다. 그리고 그것은 2008년 총선의 목표인 제1야당을 가능케 할 것입니다. 지금의 10석이 다음 총선에서 제1야당이 된다고 하면 꿈꾸는 소리처럼 들릴 수밖에 없다는 것을 잘 압니다. 그러나 정치라는 것은 역동적입니다. 최근의 정치 상황을 봐도 그렇습니다. 2008년 총선이 개혁적인 보수세력과 진보세력의 양대 축의 경쟁으로 가게 된다면, 민주노동당이 충분히 제1야당이 될 수 있고 그 기초를 2007년 대선에서 만들어야 한다고 봅니다.

민주노총 사태의 배경에는
정리해고 문제가 있다

민주노총 대의원대회의 폭력 사태를 보면서 착잡했을 것 같은데요. 거기에 대한 언론의 보도 태도도 말이 많았습니다. 『한겨레』조차도 배경이나 이런 것을 따지지 않고 폭력 자체만을 비판했다는 비판도 있었습니다.

　　언론들이 좀 그런 면이 있었죠. 저는 폭력 사태를 옹호할 생각은 추호도 없습니다. 이 사안이 그냥 폭력이 있었느냐 없었느냐 하는 것으로만 볼 것이 아니라, 그보다는 훨씬 심각한 문제를 안고 있는 게 아니냐는 겁니다. 사실 이 사안은 1998년 민주노총의 경험에서 비롯된 겁니다. 어떻게 보면 그때의 악몽 때문에 생겨난 거거든요. 1998년 당시 정리해고를 받아들이는 것과 관련해 노사정이 정리해고를 받아들이면서 민주노총이 최대의 피해자가 되었습니다. 그리고 정리해고된 해고자들이 늘어난 것은 물론이거니와 민주노총 조직 자체가 굉장한 타격을 받았고, 그 당시의 정리해고 합의를 이끌어내서 문제가 되었던 지도부들의 상당수가 나중에는 열린우리당으로 갔습니다.

이런 과거의 뼈아픈 경험이 있었기 때문에 노사정 대화와 관련된 대정부 타협과 관련해 내부에서 여러 가지 신중론이 나오고 있다는 말이죠. 단순한 신중론이 아니라 조직의 존폐까지 연계되는 심각한 문제로 받아들이고 있기 때문에 이런 문제는 내부에서 시간을 좀더 갖더라도 신중한 논의가 필요하다고 봅니다. 신중한 논의가 되지 않고, 대의원대회에 무리하게 안건으로 상정되고, 폭력으로 가로막고 이렇게 된 것은 대단히 유감스러운 일인데, 그런 배경까지 함께 보는 것이 필요하다는 거죠. 이것은 민주노총을 위해서만이 아니라 민주노총의 불안정은 노동계 전체의 불안정이고, 노사관계의 불안정이고, 우리 사회의 불안정입니다. 그런 점에서도 넓은 시야에서 본다면 이 문제는 인내를 갖고 바라볼 필요가 있습니다.

"민주노총과 차별화되는 민주노동당만의 그 무엇이 없다"고 아쉬움을 표시했고, "민주노총에 대해 할 말은 해야 대중정당으로 거듭날 수 있다"고 강조했는데, 어떤 이야기를 해야 한다고 생각하십니까?

민주노총과 민주노동당은 과거의 수직적인 관계가 전혀 아닙니다. 상호 동반자적인 관계이고, 같은 방향으로 나가는 동반자적인 관계이되, 두 조직은 상호 완전독립적인 조직입니다. 민주노동당은 대중정당으로서 질을 달리하는 조직이라는 거죠. 그래서 민주노총과 민주노동당이 동반자적인 관계이기 때문에 오히려 애정 어린 쓴소리를 할 수 있어야 합니다. 너무 그런 것을 자제해오고 못해온 것은 문제라고 봅니다. 민주노총은 민주노총입니다. 민주노동당은 민주노총의 견해를 대변하기도 하지만, 민주노총 조합원만 있는 것은 아니거든요. 오히려 더 넓은 계층을 정치적으로 대변하려고 노력해야 하기 때문에 민주노총을 대변하는 것은 좋은 일이나, 민주노총만 대변하는 것은 민주노동당의 시야 자체가 협소해지는 길입니다. 그러면 기반도 협소해질 수밖에 없습니다. 그것은 민주노동당이 건전하게 발전할 수 있는 길은 아니라고 생각합니다.

지금 추진되고 있는 비정규직 법안이 반인권적이라는 국가인권위원회의 의견 표명이 있었는데, 여당은 계속 추진하려는 것 같습니다. 재계 등에서는 국가인권위원회의 의견에 대해 비판적이지 않습니까?

저는 정부가 약자의 편을 들어야 한다고 생각합니다. 약자는 당연히 노동자고, 힘이 센 사용자에 맞서 힘겹게 대응하고 있는 노동자의 손을 들어주는 게 마땅합니다. 그렇게 되지 않고 있고, 그렇게 되지 못하면 '중립은 지켜야 하지 않느냐' 하는 생각이 듭니다. 현재 노동부의 태도는 중립이 아닙니다. 노동부의 태도는 재계보다도 경직되어 있어요. 사실은 얼마 전에 기간제라고 해서 기간을 정해 사용하는 노동자들의 계약과 관련해서 '이러이러한 사유가 있을 때만 기간제를 허용한다'는 복잡한 조항이 있었습니다. 기간제 사유 제한과 관련된 논의에서 어렵게 재계가 좀 양보해서 노동계 안과 타협하려고 했을 때 노동부가 나서서 그것을 저지했습니다. 그러면서 협상이 결렬되었다는 말이죠.

그렇게 되니까 한국노총과 민주노총에서는 그 협상을 주도했던 노동부 차관을 협상에서 빼라고 했습니다. 도대체 정부가 재계보다 경직될 이유가 뭐가 있냐는 겁니다. 재계는 재계의 이익을 대변하려고 할 거고, 노동계는 노동자의 이익을 대변하려고 할 겁니다. 그러면 서로 어긋나는 그 속에서 조정하고 절충시켜야 할 곳이 정부인데, 오히려 정부가 재계보다 재계의 이익을 대변하려고 하고 있다는 것이 문제의 핵심입니다. 정부가 빠지면 이 타협은 좀더 빨리 이루어졌을지도 모릅니다. 이 점과 관련해서 전 세계 어느 나라 노동부가 이런 식으로 일을 하고 있냐는 거죠. 얼마 전까지는 노동부가, 그러니까 지금 노동부 장관이 취임하기 전까지는 국무회의에서 노동조합부 아니냐는 이야기를 들을 정도로 다른 많은 경제부처에 대항해서 그나마 노동조합 쪽의 이익을 대변해왔습니다. 그런데 이제 그런 완충 작용을 하는 곳도 없어졌다는 겁니다.

그런 면에서 참여정부가 스스로 이 문제를 심각하게 생각해야 합니다. 지금 비정규직 문제는 다른 나라에 비해서 우리나라의 상태가 너무 좋지 않습니다. 비정규직의 비율이 일하는 사람 중에서 너무 많고, 다른 나라에 비해서 너무 빠른 속도로 늘어가고 있고, 다른 나라의 비정규직보다 우리나라의 비정규직이 차별받는 정도가 심하다는 겁니다. 다른 나라 같으면 평균적으로 정규직의 70~80퍼센트의 임금을 받는데, 우리나라에서는 50퍼센트 정도를 받는다는 이야기죠. 그래서 어떤 나라를 보면 비정규직은 가능하나, 차별은 불가능한 스위스 같은 나라도 있습니다. 우리나라가 글로벌 스탠더드를 이야기하면서 다른 나라에서는 유례를 찾아보기 힘든 차별 노동을 강요하고 있습니다. 이것은 단순히 인권의 문제를 넘어서서 우리나라의 기초를 갉아먹을 수 있습니다.

지금 보면 대기업 등의 당기순이익이 좋고, 수출이 어느 때보다 잘되고 있습니다. 하지만, 시장이 침체하고 있는 것은 구매력의 약화에 기인한 바가 큰데, 이런 식으로 하면 구매력을 못 살린다는 거죠. 그러면 삼성전자 같은 데서 휴대전화라든가 반도체를 외국에 많이 팔면 뭐합니까? 절대 다수의 노동자들이 비정규직화되고, 저임금에 시달리게 되면 시장의 물건은 누가 사냐는 겁니다. 삼성전자 종업원들만 시장에서 물건 많이 사서 해결될 문제가 아니지 않습니까? 지금 현재 우리 경제가 이렇게 이중 구조화되고, 성장이 고용을 낳지 않는 상태가 된 지 오래지만, 내수시장에 영향을 미치는 이런 영세기업 노동자들, 중소기업 노동자들, 비정규직 노동자들에 대한 배려가 지금처럼 없어서는 경제의 기초 자체가 심각한 타격을 받을 수 있습니다. 그런 점에서도 비정규직 문제에 대한 정부의 태도 변화가 절실히 필요합니다.

노무현 대통령에 대한
기대와 실망

민주화 운동도 마찬가지 같은데, 군사정권 시절에는 적들이 있으니까 긴장할 수 있었습니다. 그런데 자본은 근본적으로 달라지지 않았는데, 거기에 대한 긴장은 국민들도 그렇고, 정부도 그렇고, 그것을 좀 놓치고 있기 때문이 아닌가 하는 생각도 드는데요.

그런 점에서 저는 노무현 대통령만이 아니라 크게 보면 참여정부나 열린우리당, 좁게 보면 386의원들을 보면서 느끼는 점이 뭐냐 하면 이들이 여전히 개혁을 원하고, 이들을 민주주의의 벗이라고 부를 수는 있어도 결코 서민의 벗은 아니라는 겁니다. 그 점을 정말 놀랍게 느꼈습니다. 서민과 관련된 문제에서는 거의 자본가와 같이 행동하고 있다는 거죠. 공무원 노조와 관련해서 공무원 노조에 반대의 입장을 취하는 것을 보면서 굉장히 놀랐습니다.

대학 총장 선거와 관련된 교육공무원법을 다루는 문제와 관련해서도, 교수들 이외에 직원들이나 학생들이 부분적으로 참여하는 문제에 대해 386의원들이 결사적으로 반대하는 것을 보고 굉장히 놀랐어요. 이들이 가만히 보니까 독재와 싸울 때 민주주의의 충실한 벗이었고, 그로 인해 국회의원도 된 사람들 아닙니까? 그러나 그런 개혁적인 이미지와 달리 경제와 관련해서는 재벌개혁에도 적극적으로 나서지 않는다는 말이죠. 그들이 거의 대기업이나 대자본가들의 편에 서 있다는 점에서 우리 서민들이 너무 외롭다는 생각이 듭니다.

노무현 대통령에 대해 "국회의원으로서는 나무랄 데 없는 정치인"이라고 평가했는데요. 듣기에 따라서 대통령으로서는 나무랄 데가 있다는 이야기처럼 들립니다.(웃음)

그 말은 이중적인 의미를 갖고 있는데요. 말 그대로 개인적인 관찰의 결과지만 '국회의원 시절에는 상당히 빛났다', 저는 이렇게 기억하고 있습니다. 동시에 이라크 파병 문제나 미국과의 관계를 처리하는 방식이라든가, 서민경제를 풀어가는 문제와 노동계와 대립하는 문제에 대해서는 좋은 평가를 할 수가 없습니다. 다른 대통령들보다는 나은 일을 할 수 있다고 기대했기 때문에 실망이 더 큰 것이 사실입니다. 그렇기 때문에 그런 불만이라면 불만이고, 비판이라면 비판, 뜨거운 비판을 가할 필요가 있다는 생각을 했습니다.

지금 민주당을 중심으로 중부권 신당 창당과의 연계설, 열린우리당 지도부에서 제기하는 통합론 같은 것들이 나오고 있는데요.

중부권 신당은 지역연합론에 바탕을 두고 있거든요. 민주당이 호남을 대표한다고 보는 거고요.

DJP연합과 같은 발상이라는 겁니까?

저는 그런 철학이나 발상 자체가 우리 정치에 바람직하지 않다고 봅니다. 이제는 지역에 기대어 정치하려고 해서는 안 됩니다. 가장 먼저 버려야 할 것이 있다면, 지역적 기득권입니다. 지금은 그것을 가지고 정치할 생각은 말아야 합니다. 요즘 모기들은 겨울에도 죽지 않고 남아서 다시 늦봄부터 나오는데요. 지역주의라는 모기가 지난겨울에 죽지 않고, 남아서 다시 나오고 있습니다. 이번에 신DJP연합을 통해서 나오고 있는데, DJ도 없고 JP도 없는데 무슨 DJP연합입니까? 이것이 과거에는 성공했을지 몰라도 지금은 성공하지 못할 유사품이라고 생각합니다. 국민들이 유사품에 주의할 것이라고 생각합니다.

5월 2일 열린우리당의 국가보안법 폐지안과 형법 개정안, 한나라당의 국가보안법 개정안, 민주노동당의 국가보안법 개정안이 한꺼번에 상정되었는데요. 지금 보면 친일반민족행위 진상규명법, 국가보안법 폐지 등의 4대 개혁 입법안에 열린우리당과 한나라당은 당리당략적인 태도를 취하고 있는데요. 여기에 대해 민주노동당은 어떤 태도를 가지고 있습니까?

저는 이 문제와 관련해서 열린우리당 내부에 있는 그나마 뜻있는 의원들과 손을 잡고 연대의 전선을 형성해서 돌파해야 하지 않느냐 하는 생각을 갖고 있습니다. 물론 완전 폐지가 민주노동당의 원래 입장입니다. 국가보안법과 관련해서 최대한 폐지를 해내야 하는 것인데, 열린우리당을 내버려두면 과거사법처럼 중간에서 타협할 가능성이 크다고 봅니다. 그것을 막기 위해 열린우리당 내에 있는 개혁적인 사람들, 한나라당에 있는 극소수의 사람들, 민주당의 일부, 민주노동당, 바깥에 있는 시민사회단체 이렇게 방대한 연대의 전선을 구축해서 국가보안법의 폐지를 이루어내야 할 거라고 생각합니다.

사법개혁의 기준은
'국민을 위한 것'이다

로스쿨 도입과 현행 사법시험 제도에 대해서는 어떻게 생각하십니까? "현재 1,000여 명인 사법시험 합격자 수를 크게 늘려 기회균등의 폭을 확대해야 한다"는 말씀을 한 적도 있는데요?

이것이 굉장히 문제가 있는 겁니다. 1,200명을 2,000명으로 하면 되느냐 이런 문제가 아니라고 보는 거고요. 결국 법률 서비스의 가격이 너무 비싸다는 겁니다. 그래서 혜택을 보는 사람들이 너무 적지만, 법조인 수를 제한함으로써 법률 시장에서 법률 서비스의 가격을 높게 유지하고자 하는 것이 법률 기득권자들의 생각이고 논리입니다. 변호사 수를 적게 하면 비쌀 거 아닙니까? 이것을 깨야 한다고 보는 겁니다. 저는 개인적으로 변호사와 의사가 잘사는 사회는 좋은 사회가 아니라고 봅니다. 변호사와 의사가 별로 잘살지 않는 사회, 들인 노력에 비하면 조금 고생을 많이 하는 사회가 오히려 더 좋은 사회일 수 있다고 봅니다.

실제로 그렇습니다. 의료 복지가 잘된 나라일수록 의사들이 고통스럽습니다. 변호사도 마찬가지죠. 우리나라 변호사는 미국 변호사에 비해서도 기득권을 많이 갖고 있다는 말이죠. 그런 점에서 변호사 수를 크게 늘려야 합니다. 지금 로스쿨 방식은 두 가지인데, 하나는 계속해서 법조인들을 기득권층화하고 법률 서비스를 돈이 많아야 사용할 수 있는 식으로 간다는 점에서 문제가 있고, 또 하나는 실행되기도 어려워요. 지금 1,200명으로 해보십시오. 그러면 국회의원 선거할 때마다 국회의원의 가장 큰 선거 공약이 '우리 지역에 로스쿨을 새로 유치하겠다, 50명밖에 안 되는 것을 늘리겠다'는 것일 겁니다. 그리고 그 공략은 당선되면 관철되기 쉬워요. 일본이 지금 그렇거든요.

그러면 로스쿨 졸업자 중에서 절반 정도만이 법조인이 되는 겁니다. 결국에는 법대처럼 되어버린다는 거죠. 이중 고비가 생기는 겁니다. 사법고시 치기 위해서 10만 명씩 공부하는 것처럼, 로스쿨 들어가기 위한 경쟁이 초기에 치열할 것이고, 그다음에는 로스쿨 다녀도 정원이 늘어날 거니까 그 안에서도 경쟁이 치열해질 겁니다. 결국에 전체적인 법률 서비스의 문제는 해결하지 못한 채 내부 갈등과 대립만 양산하게 될 것입니다. 그래서 이 문제를 보는 기본 시각은 사법개혁에서 국민을 위한 것이냐, 법조인들을 위한 것이냐를 따지면서 들어가야 할 것 같습니다.

수사권이나 사법개혁은 검사들이 반발하고 있지 않습니까? 그리고 우리가 법률 서비스를 받기 위해서는 너무 많은 비용이 지출되고, 검사의 수사 관행이 편의주의적이고 권위주의적인 부분 역시 남아 있지 않습니까? 얼마 전 MBC 〈100분 토론〉에서도 조국 교수가 '피의자 신문을 먼저 한다는 것이 피의자를 범죄자로 볼 수 있는 선입견을 가질 수 있으니까 그것을 재판정에서 하도록 하자'는 이야기를 하니까 검사들이 '그렇게 되면 수사가 어려워지고, 우리가 힘들어진다'는 투의 항변을 하는 것을 보고 답답했는데요. 애써 꾸민 조서를 피의자가 법정에서 부인할 경우 증거 능력을 인정하지 않는 추세이기도 하지 않습니까?

지금 우리나라 검사들은 세계 어느 나라 검사보다도 굉장히 편한 상태에서 수사를 하고 있습니다. 윽박지르고, 그 앞에서 한 말은 나중에 법정에 가서 자기 생각대로 바꾸더라도 한 번 그렇게 이야기를 하고, 도장을 찍었으면 상당 부분 피의자가 책임을 져야 하는 식으로 과도하게 검찰이 더 많은 권한을 갖고 있습니다. 또 피의자에 비해서 우월한 지위에서서 수사를 하고 있다는 말이죠.

그렇지 않은 다른 나라에서는 죄를 입증하기 위해서 과학적인 수사 기법도 발달하고, 동시에 피의자 인권도 보장하고 있지 않습니까? 그런데 우리나라 검사들은 자기들 편한 것만 생각하는 것 같아요. 피의자 인권은 생각하지 않고, 범인 검거율을 보십시오. 일본과 비교해도 실제로 검거율이 낮아요. 그 많은 권한을 갖고도 검거율이 낮은 것은 과학적인 수사 기법이 없이 '네 죄를 네가 알렸다. 좋게 이야기할 때 다 불어라' 이거 아닙니까? 조선시대에 재판하던 방식이잖아요.

그런 면에서 사법개혁이 절실하게 필요합니다. 이 경우에 변호사가 대폭 가담을 해야 하거든요. 첫 단계로 해마다 뽑는 수를 3,000명 정도까지 늘려야 해요. 연차적으로 늘려서 10년 정도 지나면 인구 몇 명당 변호사 수가 다른 나라 수준이 될 겁니다. 그렇게 가면 당연히 가격은 떨어지고, '변호사들 시세가 떨어질 것 아니냐'고 하겠지만, '할 수 없다, 당신들 시세를 유지하기 위해서 국민들이 고통을 받아야 하느냐'라는 겁니다.

국민들이 요구하는
정치는 무엇인가?

17대 국회가 예전보다 많이 나아진 것 같지만, 기대했던 것만큼 실망도 큰 것이 사실인데요.

확실히 인적 변화가 컸기 때문에 좀 나아질 것으로 보았던 것 같고요. 제가 보기에도 틀린 기대는 아니었어요. 그런데 실제로는 그렇게 안 보인다는 거죠. 그것이 뭔가 하면 제가 볼 때에 인적 구조와 조직 구조의 충돌, 소프트웨어와 하드웨어의 모순, 여기서 오는 게 아닌가 생각합니다. 인적으로는 전반적으로 나아진 것은 사실입니다. 과거의 낡은 부분이 많이 퇴장한 것도 사실입니다. 그러나 실제 정당 시스템을 보면 열린우리당만 조금 다를 뿐 나머지는 3김 정치용 정당이 아니었냐는 겁니다. 정치는 이미 3김 정치가 아닌데, 정당 시스템은 3김 정치 시스템이 여전히 남아서 작동하고 있는 거죠.

그러다 보니까 각 당들의 정체성이 상당히 불안정합니다. 정책 이념상의 동질성이 상당히 낮습니다. 과거에는 3김 정치를 했기 때문에 그것이 낮아도 문제가 안 되었지만, 지금은 3김 정치를 하는 게 아니라 정책 이념을 중심으로 정치를 하고 있어요. 그런데 각각의 정당은 그 결속력이 굉장히 낮기 때문에 그 정당 내에서 스펙트럼이 너무 넓어요. 각 당의 당론이 굉장히 쉽게 무너지는 이유도 바로 여기에 있다고 보거든요. 이런 현상은 열린우리당 내에서도 다분히 있었어요. 특히 과거사법은 당론을 지지한 사람이 50퍼센트가 안 되잖아요. 국가보안법은 폐지와 형법 개정이라는 당론을 지지하는 사람이 역시 50퍼센트가 안 됩니다. 이미 지도부가 그 당론을 무시하고, '대체 입법은 어떠냐. 나는 그것도 괜찮다'고 문희상 의장이 이야기한 것처럼 정체성이 너무 엷다 보니 그런 문제가 생기는 거죠.

국민들이 요구하는 것은 정책정당으로서 정책 이념상의 정치를 하기를 요구하고, 시대도 그것을 바라고 있습니다. 그것을 하기 위한 시스템은 잘 안 되어 있는 상태에서 국민들의 기대에 부응하지 못하는 과도기적 상황이 계속 나오는 것이 아닌가 생각합니다. 그러나 이 상황은 오래갈 수 없고, 결국 조직 형식과 정치 이념이 일치하는 방향으로, 소프트웨어와 하드웨어가 조응하는 방향으로 갈 수밖에 없습니다. 그것이 역사의 발전이며, 정치의 발전이라는 생각이 듭니다. 그런 점에서 정책 이념상의 재편이라는 정치 지형의 큰 변화가 2007년 대선 결과로 나타날 것이라고 전망합니다. 현재의 과도기는 대선까지는 불가피하게, 문제가 있지만 모순된 상태로 갈 수밖에 없을 것 같습니다.

예전에 한홍구 교수가 '한국의 진보 진영이 국방 문제를 소홀히 하고 있다'고 했는데요. 민주노동당에 국방위원회 소속 의원이 없는 것으로 알고 있습니다. 물론 의원수가 적고, 기대치는 많아서 힘든 것으로 알고 있지만, 한홍구 교수의 지적대로 국방에 관련된 부분은 워낙 크지 않습니까? 전투기 사업만 하더라도 몇 조 단위 이상의 투자가 이루어지고 있습니다. 또 '이런 부분에 대한 시민적인 감시 없이는 제대로 된 민주주의가 없다. 만약 민주노동당이든 어디든 그런 부분에 대해서 도와달라고 하면 발벗고 나서서 같이 연구하고, 조언할 준비가 되어 있는데, 왜 연락이 없는지 모르겠다'는 말씀을 했거든요. 원하면 밤새 토론도 하고, 능력이 되는 대로 도와줄 의사가 있다는 거죠.

그런 지적에 대해서는 미안하다는 말밖에 할 수 없습니다. 그렇게 해야죠. 국방은 굉장히 중요합니다. 진보정당은 제대로 된 강화 또는 건실한 국방이 뭐냐, 올바른 국방이 뭐냐

하는 것을 제시해야죠. 그런 점에서 민주노동당이 국방 문제에 대해서 더 관심을 갖고, 국방위원회에 사람을 배속시켜야 합니다. 2006년에 다시 상임위원회가 배정되니까 그때는 의원 10명이라고 하더라도 국방위원회에 반드시 들어가야 한다고 강력하게 주장할 생각입니다.

부족하나마 국방과 관련해서는 군과 검찰이 국회 법제사법위원회에 있기 때문에 그것을 넘어서서 국방 문제를 조금씩 제기하고 있습니다. 사실 한미동맹 등의 문제를 2004년부터 제기하고, 국방부 자료를 검토하는 것도 그것과 연관이 있습니다. 민주노동당이 이 문제에 대해서는 굉장히 자신 있고, 적극적인 마스터플랜을 국민들에게 제공할 수 있어야 합니다. 좀더 적극적으로 어떻게 풀어야 우리나라가 잘살게 되고, 안전할 수 있느냐에 대해 민주노동당 특유의 비전을 제시할 수 있어야 합니다.

아주 단순하게 생각해도 엄청난 돈이 들어가는 국방 관련 프로젝트들이 비리로 얼룩진 적도 많았고, 허투루 돈을 쓴 적도 많았습니다. 그것만 제대로 감시해도 국익에 엄청난 도움이 될 것 같습니다. 개인적이거나 당 차원에서 특별하게 계획하는 것이 있습니까?

지금 제가 예산결산위원회 소속이기도 하기 때문에 사실은 공적 사업이 들어간 SOC 사업을 파헤치려고 하고 있습니다. 이 부분이 간단하지는 않습니다. 시간이 걸리더라도 굉장한 노력과 준비를 해야 하거든요. 민주노동당이 이 문제를 중시하고 있고, 이제까지 준비 태세가 좀 부족했다면 재정이나 인력을 보충해서라도 17대 국회에서 제대로 파헤치고, 그 결과를 국민들에게 알려야 하지 않나 싶습니다.

최근 독도 문제라든지, 동북아 정세를 노무현 대통령이 잘 활용해서 지금 국정 수행 지지도가 50퍼센트를 넘었지 않습니까? 그동안의 상황을 볼 때는 기적 같은 일인 것 같은데요. 진보 진영에서는 곱게 보이지 않는 부분도 있을 것 같습니다.

그렇지 않습니다. 저희가 노무현 대통령의 주요 정책에 대한 비판은 하지만, 국정 수행 지지도가 낮기를 기도하고 다니는 사람들도 아니고 그것을 떨어뜨리는 것이 저희의 목표도 아닙니다. 그리고 과거의 예를 보더라도 개인과 친인척 간의 비리가 터져 나오지 않는 한 50퍼센트 이상의 지지도가 나오는 게 정상입니다. 그런 비리가 나올 때 30퍼센트까지 떨어지는 것인데, 이상하게 노무현 정부에서는 그런 게 없는데도 30퍼센트까지 떨어졌던 것이 문제죠. 김영삼 정부나 김대중 정부가 집권 3년차일 때 지금 지지도보다 약간 높았다는 것을 상기할 필요가 있습니다.

김규항의 표현대로라면 '어떤 사람은 민족을 중시하고, 어떤 사람은 계급을 중시한다'고 하는데, 꼭 그런 게 아니라 그 스펙트럼 안에서 다양한 계층이 있을 것 같습니다. 그런데 무엇을 더 중시하는 것은 있을 것이고, 우리 사회가 계급적인 측면은 지나치게 무시하고, 민족을 강조하는 측면이 많지 않습니까? 그 계급적인 이야기를 좀더 해야 할 시점에서 너무 민족 문제로 가버리는 것에 대한 우려가 있지 않았을까 하는 건데요. 최근 동북아 정세를 둘러싼 국내 정치적 상황이 딱히 비판할 수는 없지만, 불편했을 것 같기도 해서요.

　그런 점이 없지는 않았는데, 크게 우려하지는 않습니다. 우리의 민족주의 문제가 다른 민족의 그런 문제와 차원이 다르고요. 식민지 지배를 거친 민족이고, 사실은 그간의 민족주의는 대기업들에 의해서도 많이 활용되었어요. 대기업들이 그런 것을 내세워서 대북 사업을 한다거나 월드컵 때도 이용했잖아요. 사실 계속 경계심은 늦추지 않고 있습니다. 그러나 계급 문제를 잘 파헤치는 노력을 하는 게 중요한 거죠.

의원님이 정치에서 이루고자 하는 꿈이 있다면, 어떤 게 있나요?

지금 우리 눈에 보이는 정치는 개혁과 수구의 싸움으로 보입니다. 이 싸움을 좀 빨리 끝내야 한다는 생각이 있고요. 그런데 지금 대중들은 개혁과 수구의 그 전선에 따라서 고통을 받고 있는 것이 아닙니다. 바로 진보와 보수의 세력 균형이 너무 이루어지지 않고 있기 때문에 고통을 많이 받고 있습니다. 특히 우리가 21세기의 산업국가로서 우리나라에서 노동자와 서민의 목소리가 아직은 너무 약하고, 거기에 민주노동당도 책임을 크게 느끼고 있습니다. 각 시대마다 시대의 양심이라는 게 있었는데, 과연 이 시대의 양심이 무엇인지를 다시 생각하고 있습니다. 이 시대의 양심은 무엇보다도 IMF 외환위기 이후 지속적으로 고통받고 있는, 고도성장 속에서 희생만 강요당한 노동자와 농민 등 서민들의 편에 서는 게 시대의 양심이 아닌가 생각합니다.

제2장

/

노회찬은 우리의 마음속에 있다

평생
노동자로
살다

──노회찬과 김문수

내가 처음 노회찬을 만난 때는 1996년으로 기억한다. 나는 1994년 8월 독일에서 노사관계 분야 박사학위를 마치고 귀국한 뒤 1995년 5월부터 한국노동연구원KLI에서 연구하면서 일주일에 한두 번 대학에 출강했다. 1996년부터는 고려대학교 노동대학원에서 '노사관계'를 강의했다. 그 수강생 명단을 보니 노회찬과 김문수라는 '유명' 인사가 두 분이나 있었다. 마음속으로 놀라면서도 개강 첫날의 만남에 약간 설레었다. 그러나 두 분 다 '의외로' 조용했다.

그리고 내 기억에는 첫날 이후 그분들의 얼굴을 본 적이 없다. '정치'를 한다는 사람치고 '모범생'처럼 꼬박꼬박 출석하는 이는 별로 없다. 아마도 그들은 중고교 시절에는 모범생이었으리라. 그러나 나는 마음속으로 '이미 노동 현장에서 노사관계를 몸으로 배운 분들이니 시험 대신 보고서만 잘 제출해도 졸업은 할 수 있지 않을까?' 하고 생각했다. 첫 수업에서 한 학기 강의와 토론을 위해 개괄적인 시각과 내용을 소개했는데, 당시 그 두 분은 조용히 내 이야기만 경청했고 오히려 질문은 '다른' 분들이 왕성하게 한 것 같다.

따지고 보면, 두 분은 모두 1970~1980년대에 거물급 노동운동가였다. 그러나 소련과 동구권이 무너진 1991년을 지나면서 두 사람은 서로 반대 방향으로 갔다. 정치인 김문수는 더는 옛날의 이념이나 운동 방식은 시대착오적이라고 보고 보수적 현실 정치와 손을 잡았다. 반면, 정치인 노회찬은 오히려 그럴수록 서민과 사회적 약자에 애정을 갖는 진보적 현실 정치를 해야 한다고 보았다. 그 와중에 나 같이 연약한 '먹물'이 박사랍시고 대학 강단에서 그들을 만났던 것이다.

──노동자로 살기로 하다

1973년 경기고등학교에 들어갔을 때부터 노회찬은 박정희 유신·독재 반대 운동에 참여할 정도로 용감했고 의식이 일찍 깼다. 그것은 "전쟁을 겪은 소년이 더이상 소년이 아니듯, 저 역시 그 뒤로 더이상 소년이 아니게 되었죠"라는 노회찬의 고백처럼, 내면의 느낌을 속이지 않고 정직한 청년으로 성장한다.

1980년 당시 대학교 2학년인 노회찬은 5월의 광주를 보며, 갈수록 사회의 압도적 다수인 노동자들이 조직화·세력화되어 앞장설 때만이 세상을 근본적으로 바꿀 수 있다고 깨달았다. "광주민중항쟁을 거치면서 학생과 지식인들의 저항만으로는 폭압적인 독재정권을 무너뜨릴 수 없다는 결론에 도달했다." 노회찬이 본격 노동자가 되어 노동운동을 하겠다고 결심한 것도 바로 이때다.

노회찬은 1982년 노동운동을 위해 대학생 신분을 포기하고 노동자 신분으로 '존재 이전'을 한다. 첫 직장 삼아 경기도 소하리 기아자동차 생산직(단순 조립공)에 합격했으나, "실수를 해서 예비군이 나오는 바람에" 대학생 출신, 즉 '위장 취업자'임이 탄로가 나서 해고를 당했다. 그러나 노회찬에게는 취업이나 돈벌이 자체가 목적이 아니었기에 별 충격은 없었다.

노회찬은 "사회변혁을 위해서는 노동자가 되어 평생 노동자로 살아야 한다"는 마음이었다. 그래서 '평생' 쓸 수 있는 기술을 배우기로 했다. 그것이 용접기술이었다. 이런 노회찬에게 상선약수上善若水, 즉 최고의 선은 낮은 곳을 향해 부드럽게 흐르는 물과 같다는 말을 붙이는 것도 지나치지는 않다.

그리하여 노회찬은 서울기계공업고등학교 부설 영등포청소년직업학교(현재 서울산업정보학교)에서 중졸자라고 속인 채 6개월간 열심히 용접을 배운 끝에 1983년 초, 전기용접기능사 2급 자격증을 땄다. 이 자격증을 갖고 노회찬은 서울, 부천, 인천 등(대림보일러, 금호실업, 금화공업사, 현대철구 등)에서 용접공으로 일했다. 그와 동시에 비교적 조용히 사람들을 만나고 있었다. 노회찬은 여러 공장에서 알게 된 노동자들과 '비밀' 독서 모임도 조직했다. 1985년경 노회찬을 중심으로 '위장 취업자' 약 150명이 모였다. 이런 곳곳의 모임이 나중에 정치적으로 발전한다. 그것이 인천지역민주노동자연맹(인민노련)이다.

그러나 전두환 군사독재 정권이 가만히 있을 리 없었다. 영화 〈1987〉(장준환 감독, 2017)에도 잘 묘사되듯이 청와대, 경찰청, 보안사, 안기부 등이 때로는 협력적으로, 때로는 경쟁적으로 "극렬 좌경세력 척결"에 폭압적으로 나서며 '공안정국'을 주도했기 때문이다. 노회찬 역시 이런 정국 속에서도 각종 시위를 주도하고 "불온 문서"를 배포했기에 1982년부터 수배되었다. 그래서 늘 불안과 공포, 의심과 경계심을 갖고 살아야 했다.

그렇지만 깨어난 자들은 꿈틀거린다. 독일 나치 시절, 레지스탕스 운동이 독일 등 온 유럽에서 일어난 것처럼 말이다. 한국 역시 그랬다. 특히 '순수한' 대학생들은 한편으로는 학생운동으로 한편으로는 노동운동으로 나아가며, 군사독재 치하 한국의 양심 세력을 대표했다. 1985년에는 대우자동차투쟁(더불어민주당 홍영표)과 구로동맹파업(자유한국당 김문수, 정의당 심상정), 1987년 6월에는 서울대학교 언어학과 3학년 박종철 '고문치사 사건'이 폭로되면서 더욱 폭발한 시민항쟁이 터진다. 특히 6월 9일 연세대학교 시위에서는 경영학과 2학년 이한열이 경찰의 최루탄에 맞아 의식 불명에 빠져 결국 목숨을 잃는다.

바로 그 한복판에서 노회찬, 송영길, 신지호, 주대환, 조승수 등이 참여한 인민노련이 출범한다. 이어 1987년 7~9월에 전개된 '노동자 대투쟁'은 8·15해방과 미군정, 6·25전쟁을 거치면서 이승만과 박정희 치하 전평(조선노동조합전국평의회) 등 진보 노동운동이 거의 궤멸된 뒤 약 40년 이상 억눌려왔던 노동자들이 사회적 삶의 주체로 다시 서는 과정이었다. 이어 인민노련은 1987년 말 대통령 선거에서 "가자, 백기완과 함께 민중의 시대로!"라는 구호 아래 백기완을 대선 후보로 추대했으나, 백기완 후보가 '야권 단일화'를 위해 사퇴했다.

노회찬은 '인민노련'에서 발행한 『노동자의 길』 1988년 11월호에서 이렇게 말했다.

"1988년 11월 13일, 오후 2시경에 이르러서는 이미 2만여 명을 수용할 수 있는 연세대 노천극장이 의기충천한 노동자들로 가득 메워졌다.……11월 13일, 18년 전 이날은 평화시장 재단사 전태일 동지가 '내 죽음을 헛되이 마라', '근로기준법을 지켜라'고 외치며 산화해간 날이다.…… '아주 가는 것이 아니라 잠시 다니러 가는 것이다'라는 그의 유언을 오늘, 연세대, 그리고 여의도에서 그의 친구들이, 동지를 아는 동지의 모든 분신들이, 동지를 모르는 동지의 모든 분신들이 힘찬 투쟁을 통해 실현해낸 것이다."

그는 전태일과 같은 노동자였고, 전태일의 친구이자 동지同志였다.

30대 초반의 노회찬은 인민노련 중앙위원, 격주간 『사회주의자』 편집위원으로 인민노련 활동을 주도하던 중 1989년 12월 '국가보안법' 위반 혐의로 체포된다. 1990년 3월경, 총 18명에 대한 2심 재판 과정에서 인민노련 멤버 오동렬과 윤태호는 스스로 '적색 공포'에 사로잡혀 공안 통치에 혈안이었던 재판부를 향해 "그렇소, 우리는 사회주의자요!"라고 밝혀 모두를 놀라게 했다.

청주교도소에 있을 당시 고향 선배라는 현직 검사가 노회찬을 찾아와 "반성문 한 장 쓰면 1심에서 집행유예로 나가게 해보겠다"고 회유했으나 "제가 여기서 반성문을 쓰고 나가면 다시는 운동을 해선 안 된다. 저는 몇 년을 감옥에서 썩더라도 나가서 운동을 계속해야 할 사람이다. 호의는 고맙지만 제 뜻도 이해해달라"며 정중히 거부했다. 노회찬은 국가보안법상 이적단체 가입 혐의로 징역 2년 6월을 선고받고, 1992년 4월에 석방되었다.

──노동자의 친구

노회찬은 2년 6개월의 옥고를 치른 후에도 뜻을 굽히지 않았다. 이제 노회찬은 노동자 신분이 아니지만, '현실 정치가'로서 노동자의 친구가 되기로 한다. 사람을 감옥에 가두는 것이 수인囚人의 생각을 바꾸기 위한 것이라면, 30대 중반의 노회찬은 20년 20일을 옥살이한 신영복이나 13년 2개월을 옥살이한 황대권과 마찬가지로 감옥의 존재 이유를 좌절시킨 사람이다.

노회찬은 인민노련 이후 약 20년 동안 한국노동당, 통합민중당, 진보정당추진위원회(진정추), 진보정치연합(진정련), 국민승리21, 민주노동당, 통합진보당, 진보신당, 정의당 등 그 이름조차 헤아리기 힘들 정도로 진보정당 운동에 헌신했다. 만들고 무너지고 일어서고 깨짐을 반복하면서, 그 와중에도 노회찬은 17대, 19대, 20대 국회의원이 되어 당당한 노동자의 친구가 되었다. 칠전팔기七顛八起라는 말은 이런 것을 두고 하는 말일 게다. 노회찬은 정리해고제한법을 발의했고 장애인이나 빈민, 여성, 비정규직 권리 강화를 위해 헌신했다. 이렇게 끈질긴 노회찬을 그 어떤 감옥이 가둬둘 수 있었겠는가?

노회찬은 1992년 출소 후 당시 인민노련에 이어 진보정당을 만들려던 진정추의 결정에 따라 1992년 대통령 선거에서 백기완 선거대책본부 조직위원장으로 활동한다. 그러나 백기완은 23만 표, 1퍼센트 정도의 지지를 얻고 패배했다. 많은 사람이 진보의 독자적 '정치세력화'에 실망하고 다른 길을 갔지만, 노회찬은 진보정당 건설을 포기하지 않았다.

노회찬은 진정추 1기(1992년 4월~1993년 3월) 사무총장을 거쳐 2~4기 대표를 역임했다. 그는 진정추를 "창당에 이르는 안정된 중간 단계로서 준정당 조직"으로 위상을 규정하고 민중정치연합과 통합을 추진한다. 1995년 9월, 진정추는 민중정치연합과 통합해 진정련으로 거듭났다. 노회찬은 진정련 창립 이후 국민승리21에 통합되기까지 대표를 지냈다. 국민승리21과 통합한 후 정책기획위원장을 맡아 1996년 4월 15대 총선과 1997년 12월 대선을 위해 사방팔방으로 뛰었으나 결과는 참패였다.

그러나 노회찬의 삶은 '칠전팔기'가 아니던가? 2000년 1월 민주노총과 전국연합(민주주의민족통일전국연합)의 지지를 기반으로 민주노동당이 창당되고 2002년에는 사무총장을 맡았다. 2002년 12월 대선에서는 노무현 후보가 대통령으로 당선되었고, 그 분위기에 민주노동당도 상승세를 탔다. 마침내 노회찬은 2004년 총선에서 다른 9명과 함께 민주노동당 8번 비례대표로 국회의원이 되었다(정당 득표 13퍼센트, 진보정당 사상 최초의 원내 진출).

노회찬은 노동자의 친구답게 쉬운 말로 사람들을 웃겼다. 2004년 6월 『신동아』 인터뷰에서 기자가 이렇게 물었다. "실생활과 관련한 비유를 잘하시더군요.……배움이 짧은 근로자들을 설득하는 과정에서 그런 수사학이 발달한 것 아닌가 하는 생각이 들더군요." 이에 노회찬은 "맞습니다. 노동조합 하면 큰일 날 것으로 아는 사람에게 노동조합의 단결이 왜 필요한지를 설명하면서 보통의 경우처럼 말하면 1분도 듣지 않고 가버립니다. 얘기가 쉽고 재미있어야 합니다. 재미 속에 내용이 있어야 하고 무엇보다 들은 뒤 머릿속에 남는 게 있어야 합니다. 거기까지 생각하고 얘기하는 거죠. 그게 우리 활동이었고 직업이었으니까"라고 말했다. 그 특유의 촌철살인寸鐵殺人 화법 역시 이와 관련이 있을 것이다.

노회찬은 노동자의 친구가 되는 언론을 이끌기도 했다. 진정추 활동을 시작한 1992년부터 2003년까지 약 10년간 『매일노동뉴스』의 발행인으로 활동했다. 노동자의 눈과 귀가 되는 언론의 필요성을 절감했기 때문이다. 내가 고려대학교 노동대학원에서 노회찬을 만난 1996년에도 그는 한편으로 진보정당 운동, 한편으로 노동자 언론 운동을 하고 있었다. 그러나 노회찬은 이 언론 사업으로 '큰 빛'을 보기는커녕 오히려 '큰 빚'만 떠안고 말았다.

IMF 외환위기 때는 신용불량자가 되기도 했다. "비통한 자들, 즉 마음이 부서진 자들, 그러나 그를 통해 풍비박산이 나기broken apart보다 완전히 새롭게 열리는broken open 자들에 의해 민주주의는 진보한다"고 한 미국 사회운동가 파커 J. 파머Parker J. Pamer의 말을 입증하기라도 하듯, 노회찬은 마음이 부서져도 새롭게 열리며 또다시 일어섰다.

국회의원이 된 노회찬은 노동자의 친구답게 비정규직 노동자의 처우 개선이나 재벌의 비리 폭로에 물불을 가리지 않았다. 실제로 노동자들이 엄두도 못 낼 재벌과 권력의 유착을 폭로하는 데 의원직도 걸었다. 2005년 당시 MBC 이상호 기자가 입수한 '삼성 X파일(불법정치자금) 및 안기부 불법도청 사건'을 노회찬이 한국 사회에 폭로한 것이다. 삼성에서 '떡값'을 받은 정치 검사 7명의 이름까지 화끈하게 공개했다. 과연 노동자의 친구였다.

그러나 자본과 권력의 조종操縱을 받은 사법부는 남달랐다. 불법을 자행한 자들은 무죄로, 그것을 폭로한 이상호 기자와 노회찬은 유죄(명예훼손, 통신비밀보호법)로 판결한 것이다. 이에 노회찬은 "폐암 환자를 수술한다더니 암 걸린 폐는 그냥 두고 멀쩡한 위를 들어낸 의료사고와 무엇이 다릅니까?"라며 개탄했다. 노회찬은 자신의 의원직을 10개월 만에 박탈당하는 희생을 감수함으로써 역설적이게도 대한민국 사법부, 특히 대법원에 조종弔鐘을 울린 셈이다. 이미 노회찬은 2004년 10월, 서울고등법원 국정감사장에서 "법 앞에 '만인'이 평등한 게 아니라 돈과 권력을 가진 '만 명'만 평등하다"며 촌철살인을 한 바 있다.

노회찬은 세 차례의 국회의원을 지내면서도 노동자의 삶을 건성으로 바라보지 않았다. 2012년 19대 국회의원에 당선된 직후 첫 일정으로 국회 내 청소 노동자 40여 명과 식사를 같이했다. "저를 비롯한 국회의원들과 여기 계신 청소 노동자 여러분들은 같은 건물에서 일하는 가까운 이웃"이라며, "노고가 많으신 이웃에게 먼저 인사드리는 것이 도리라는 생각에 오늘 자리를 마련했다"고 말했다.

2016년 4·13 총선 이후 국회사무처가 공간 부족을 이유로 국회의사당 본청 2층에 있던 남·여 휴게실과 노조 사무실을 비워 달라고 했을 때도 노회찬은 남달랐다. 그 소식을 듣자마자 청소 노동자들에게 "내 사무실이라도 같이 쓰자"고 말했다. 이후 다행히 국회 의원회관 9층으로 휴게실과 노조 사무실이 옮겨갔지만, 노동자들은 노회찬의 그 한마디를 잊을 수 없었다. 그런 노회찬이 사망하자 국회 청소 노동자들은 노회찬을 기억하며 끝까지 운구 행렬을 지켰다. 쫓겨날 처지에 있던 노동자들을 '그림자 인간'으로 취급하지 않고 오히려 자기 사무실을 같이 쓰자고 한 노회찬은 노동자의 영원한 친구다.

──노동자의 희망

대학생에서 노동자로, 노동자에서 양심수로, 양심수에서 정치인으로 변신에 변신을 거듭한 노회찬은 노동자와 서민이 사람답게 사는 세상을 위해 '계란으로 바위 치기'식으로 자신의 삶을 살았다. 실제로, 인민노련 시절부터 진정련을 거쳐 민주노동당과 정의당에 이르기까지 진보 운동을 해온 노회찬은 계란을 바위에 던지며 깨지고 넘어지면서도 일어서고 또 외쳤다.

마침내 그 계란은 바위에 흔적을 남긴다. 반올림으로 상징되는 삼성전자 노동자의 산재 인정 투쟁 승리와 KTX 노동자 부당해고 투쟁 승리 등은 그 작은 흔적이다. 나아가 민주노동당, 통합진보당, 정의당 등 노동자가 주인인 세상을 위한 진보정당 출신 국회의원들의 당선과 국회 진출 등 정치세력화도 결코 작지 않은 흔적이다. 그러기에 노회찬의 흔적은 우리 안에 살아 있다. 노회찬은 여전히 노동자들의 희망의 아이콘이다. 물론 여전히 바위는 높고 강하다. 과연 우리는 어떤 계란을 다시 들어야 하는가?

그리하여, 오늘날 노동자의 희망은 어디에 있는가? 노동 해방은 과연 구시대의 낡은 이데올로기일 뿐인가? 아니면 여전한 우리의 역사적 과제인가? 노회찬이 그토록 헌신했던 역사와 사회의 진보는 어떻게 가능한가? 노회찬은 탁상공론을 버리고 실사구시 차원에서 '세상 속'으로 들어가자는 의미에서 '세속화 전략'을 강조했다.

"앞으로 내가 말하게 될 '세속화 전략'은 세속적으로 저급한 가치에 천착하자는 것이 아니다. 세속사회·현실사회의 대중정당·합법정당이라면 노선과 행동 양식, 추구하는 목표 등에서 운동권 진보를 탈피하고 현실성과 대중성을 갖추어야 한다는 것이다."

그리고 노회찬은 "세상을 진보시키기 위해 자신이 먼저 진보하지 않으면 안 되는 시점이다"라고 강조했다. 이는 독일 프랑크푸르트학파의 핵심 인물인 허버트 마르쿠제Herbert Marcuse가 "노예해방을 위해서는 노예 스스로 해방되어야 한다"고 한 말과 일맥상통한다. 이를 노동자와 노동운동에 적용하면 이렇다. '노동 해방을 위해서는 노동자 스스로 해방되어야 한다.'

그러나 과연 무엇이 진보이며 무엇이 해방인가? 해방은 자유와 통한다. 자유란 신영복의 말처럼 자기 스스로 이유를 갖는 것, 즉 스스로 말미암는 것이다. 그 어떤 외재적 압력이나 내재적 강박 없이 자발적 의지로 움직이는 것, 이것이 참된 자유요 진정한 해방이다. 또, 진보는 무엇인가? 생산력 증대와 물질적 생활수준(소비) 향상이 진보인가? 사람과 사회의 진보 없이 기술과 소비의 진보만으로 진보라고 할 수 있는가?

한편, 노동 해방 나아가 노동자 해방이란 오늘날 과연 무엇을 의미하는가? 2018년 4월 17일, 정의당 원내대표이던 노회찬은 손석희 JTBC 앵커와의 미공개 인터뷰에서 "10년 이내에 정의당 출신 대통령이 나온다"고 말했다. 그렇게 해서 그 특유의 촌철살인인 "낡은 판을 갈아야 한다"는 것이다. 이미 노회찬은 2004년 총선에서 기성정당만으로 유지되는 정치판을 비판하며, "50년 동안 삼겹살을 같은 불판 위에서 구워 먹으면 고기가 새까맣게 타버립니다. 이제 바꿀 때가 되었습니다"라고 했다.

그런데 민주노동당과 통합진보당을 거쳐 정의당까지 진화해온 진보정당의 국회 진출로 과연 '판'이 얼마나 바뀌었는가? 민주진보 인사들은 날마다 죽을 판 살 판 자신과 가족을 희생하는데, 여전히 보수 우익 기득권층은 앞에서는 자유와 민주와 민생을 외치지만, 무대 뒤에서는 날마다 돈판과 술판을 벌이고 있지 않은가?

게다가 "10년 이내에 정의당 출신 대통령"이 실제로 나온들, 과연 노동 해방은 어떻게 실현될까? 노회찬이 꿈꾸는 노동 해방 사회는 과연 무엇인가? 노회찬은 이렇게 말한다.

"대학 서열과 학력 차별이 없고 누구나 원하는 만큼 교육받을 수 있는 나라, 지방에서 태어나도 그곳에서 교육받고 취직하고 결혼하고 아이를 낳는 데 아무 불편함이 없는 나라, 비정규직이라는 이유로 차별받지 않는 나라, 인터넷 접속이 국민의 기본권으로 보장되는 나라, 그리고 무엇보다도 모든 국민이 악기 하나쯤은 연주할 수 있는 나라."

이런 나라를 만들기 위해서라도 '그림자 인간'처럼 존재하는 노동자들에게 진보정당이 먼저 다가가야 한다고 말했다. 2012년 10월, 노회찬은 진보정의당의 공동대표가 되었을 때 이런 연설을 했다.

"6411번 버스가 있습니다. 서울 구로구 가로수 공원에서 출발해 강남을 거쳐 개포동 주공 2단지까지 대략 2시간 정도 걸리는 노선버스입니다.……이 버스 타시는 분들은 새벽 3시에 일어나서 새벽 5시 반이면 직장인 강남의 빌딩에 출근해야 하는 분들입니다.……이분들은 태어날 때부터 이름이 있었지만 그 이름으로 불리지 않습니다. 그냥 아주머니입니다. 그냥 청소하는 미화원일 뿐입니다.……강물은 아래로 흘러갈수록 그 폭이 넓어진다고 합니다. 우리의 대중정당은 달리 이루어지는 것이 아니라 더 낮은 곳으로 내려갈 때 실현될 것입니다."

노회찬은 노동자와 서민의 정치가이기를 원했고, 진보정당은 대중과 함께하기 위해 한없이 낮은 곳으로 흘러가 잘 보이지 않는 투명인간조차 보기 위해 '하방下方 연대'를 실천해야 한다고 보았다. 이것이 곧 상선약수의 경지다. 그렇게 해서 노회찬은 서열과 차별이 없고, 교육·취직·결혼·출산에 걱정이 없는 나라, 차별이 없는 나라, 모든 국민이 악기 하나쯤 연주하는 나라를 꿈꾸었다. 이것이 노회찬의 비전이었다. 세상을 급진 변혁하고 '공포 정치'를 통해 '빨갱이 세상'을 만들거나, 보수 우익 기득권층을 상대로 '킬링 필드' 같은 것을 벌이자는 주장은 그 어디에도 없다. 누구나 '소박한 행복'을 누리는 나라가 노회찬의 꿈이다. 이렇게 노회찬은 이제 성장 타령 그만하고 분배에 신경 쓰는 "노동 존중 사회", "선진 복지국가", "평등하고 공정한 나라"를 원했다. 그것만이 노동자와 서민을 행복하게 하는 길이라고 보았다.

기득권을 버리고 전태일처럼 한없이 낮아지려고 했던 상선약수의 노회찬, 넘어지고 깨지면서도 또다시 일어나 뚜벅뚜벅 걸어간 칠전팔기의 노회찬, 온갖 말도 안 되는 상황에서도 위트와 해학으로 분위기를 반전시킨 촌철살인의 노회찬. 그렇게 하고도 바보처럼 빙그레 웃던 노회찬이 오늘따라 무척 그립다. 그러나 동시에, 노회찬의 삶과 꿈은 남은 자들에게 두 가지 근본 질문을 던진다.

'그림자 인간'으로 취급당하는 서민을 위한 운동, 즉 현재의 민주노조 운동이나 진보정치 운동이 과연 어떻게 나아가야 참다운 인간 사회를 열 수 있을까? 더 근본적으로, 민주노조나 진보정당은 자본 가치, 상품 가치, 화폐 가치, 노동 가치에서 스스로 얼마나 자유로운가?

'세상 속으로' 들어가야 한다는 의미에서 '세속화'는 현실성과 대중성을 강조한다. 현장과 유리되지 않은 운동이라는 점에서 지극히 중요하다. 그러나 그 현실 속 대중들이 이미 자본 가치에 온전히 물들어 상품·화폐·노동 물신物神에 빠져 있다면 어떻게 할 것인가?

또다시 노회찬의 빙그레 웃는 얼굴이 떠오른다. 노회찬의 냉철함과 따뜻함을 우리 역시 변함없이 이어나가길 소망할 뿐이다.

참고문헌

노회찬, 『노회찬, 함께 꾸는 꿈』, 후마니타스, 2019년.
노회찬, 『노회찬의 진심』, 사회평론, 2019년.
노회찬·구영식, 『대한민국 진보, 어디로 가는가?』, 비아북, 2014년.
윤철호·오동렬 외, 『그렇소, 우리는 사회주의자요!』, 일빛, 1990년.
조현연, 「노회찬, 노동자 전태일을 만나다」, 『프레시안』, 2018년 11월 13일.
황호택, 「여의도 입성한 '토론의 달인' 노회찬 민주노동당 사무총장」, 『신동아』,
    2004년 6월호.

학번과
학벌 없이 살던
내 친구

── 내 인생의 가장 행복한 하루

"주유소 건물 2층 사무실에 한국의 진보정당 초창기 시절의 멤버들이 모여 있었다. 그 시절 공식적인 상근자는 이재영과 지금은 20대 국회의원이 된 노회찬, 단둘이었다. 내가 이사 간 집은 마당이 있는 전셋집이었다. 나와 이재영 그리고 지금만큼 유명해지기 전의 노회찬, 이렇게 셋이 그 마당에서 삼겹살을 구워 먹은 날이 있다. '불판'으로 약간 유명해진 노회찬이 그날은 고기 굽는 걸 담당했다. 그는 고기를 구울 줄 아는 남자였다. 그 두 사람이 아직 너무 너무 아름답던, 그 찬란한 어느 하루의 오후였다. 햇살도 더없이 좋았다. 어쩌면 내 삶에서 그날이 가장 행복하고 화사한 날이었을지도 모른다. 스티븐 스필버그의 〈에이아이〉에서 소년 로봇 데이비드는 단 하루, 엄마와 같이 지내는 선택을 한다. 만약 내 생의 단 하루를 선택해야 한다면 나는 그날을 돌려달라고 할지도 모르겠다."

내 삶을 돌아본 50대 에세이 『매운 인생 달달하게 달달하게』를 출간한 것은 2018년 6월이다. 노회찬이 다시 돌아오지 못할 먼 곳으로 떠난 것은 그해 7월이다. 이재영을 회상하면서 노회찬과 같이 예전에 살던 집에서 삼겹살 구워 먹던 순간을 내 인생의 가장 행복한 하루라고 생각한 글을 쓴 것은 연초였다. 나는 그날이 그렇게 좋았다. 그 글을 쓰던 날은 아주 추운 겨울날이었는데, 불과 6개월 후면 노회찬을 정말로 다시 보지 못할 것이라고는 진짜 생각하지 못했다. 민주노동당 시절에 정책을 담당하던 이재영, 조직을 담당하던 오재영, 그 모든 것을 담당하던 노회찬, 그렇게 내가 정말로 사랑했던 나의 친구들은 이제 모두 떠났다.

아내가 가끔 "노회찬 없으니까 한국 정치가 재미가 하나도 없다"고 이야기한다. 아내는 정치인 중에서 유일하게 노회찬을 좋아했던 것 같다. 아마 많은 사람이 비슷한 심정일 것이라고 생각한다. 그러고는 나에게 "노회찬 생각나지 않느냐"고 묻는다. 물론 생각이 많이 난다. 가끔은 그가 세상에 없다는 것이 실감나지 않는 순간도 있다. 그래도 그의 인간적인 면에 대해서 글을 쓰기로 한 것은, 남은 우리가 이어갔으면 좋겠다 싶은 좋은 노회찬의 덕목이 아직 남아 있기 때문일 것이다.

——이상한 나라의 인민노련

좀 두서없는 이야기가 될지도 모르지만, 독자들에게 미리 양해를 구한다. 노회찬이 이룬 수많은 것이나 노회찬이 추구한 가치들을 드러내기 위해 이 글을 쓰는 것은 아니기 때문이다. 노회찬의 삶에 대해서는 많은 글과 책이 정리되어 있고, 발간되지 않은 녹취록 등 노회찬의 흔적은 계속해서 발굴될 것이다. 거기에 나만이 알고 있는(혹은 그럴지도 모르는) 그의 삶 한구석을 더 보태는 게 크게 도움이 되지는 않을 것 같다. '위대한 노회찬'을 부각하기 위해서 이 글을 쓰는 것은 아니다.

보수 쪽 사람들을 개인적으로 만나면 그들 중 상당수는 노회찬에게 선의와 호감을 표현할 때, 경기고 나온 사람이라는 말을 한다. 그냥 '빨갱이', 이렇게 무시하지 않고 뭔가 좋은 점을 부각하기 위해서 하는 말이다. 좀 뒤끝이 있는 사람은 그런데도 겨우 고대를 갔다고 이야기하거나, 심지어는 고대도 재수해서 들어갔다는 이야기를 한다. 솔직히 나는 노회찬이 경기고등학교를 나왔는지, 고려대학교를 나왔는지, 재수를 했는지, 그 사람들의 입을 통해서 처음 알게 되었다. 노회찬과 몇 년을 일을 같이했어도 그런 것은 잘 몰랐다. 알 필요도 없었다. 그것이 내가 아직까지도 노회찬을 좋아하는 가장 큰 이유다(물론 나도 그렇게 잘 못한다).

노회찬과 친구가 된 것은 '내 인생의 친구' 이재영과 친구였기 때문이다. 이재영은 민주노동당 정책국장이고 노회찬은 사무총장이었는데, 두 사람이 어떻게 친구냐고 하면 정말 무엇을 모르고 하는 이야기다. 그들이 진보정당 운동에 동지로 몸을 담기 훨씬 이전, 두 사람은 한국 최대의 노동 지하조직인 인민노련에서 만났다. 대학생 신분을 숨기고 용접이나 배관 같은 기술을 익혀 공장에 다니면서 노동운동을 시작한 사람들이 서로 간에 학번이 어디 있고, 학교가 어디 있었겠는가? 뜻이 맞으면 같이하고, 안 맞으면 그만이다. 게다가 비밀조직이라서 이 사람들이 한꺼번에 모일 일도 거의 없었을 것 같다. 내가 이해한 것은 노회찬이 조직부장이었고, 이재영은 울산과 포항에 노조를 만들기 위해 조직에서 제일 먼저 이 지역으로 보낸 고위급 지도자였다는 사실이다.

이재영이 가장 먼저 도착한 곳은 경주였다. 주요 자료가 들어간 하드디스크 하나 들고 갔다고 하는데, 그 시절 초창기에 파트너로 만났던 사람 중 한 명이 조승수(노회찬재단 사무총장)라는 거다. 경주에서 정착한 이재영의 이야기들은 정말 포복절도할 정도로 재미있고 웃겼다.

이 시절의 이야기를 묶어 '이상한 나라의 인민노련'이라는 제목으로 인민노련 이야기를 써보고 싶었다. 출판사도 『88만원 세대』가 출간되었던 레디앙으로 정했다. 이재영의 이야기를 좀더 듣고, 당시 조직부장이었던 노회찬의 이야기를 덧붙이면 책의 골격은 될 것 같았다. 그것을 위해서 기본적인 자료를 정리해보기로 했다. 힘들게 살고 있는 전국의 인민노련 활동가들에게서 이런저런 연락이 왔다. 그냥, 가슴이 뭉클했다.

워낙 비밀조직이라서 생각보다 자료 정리가 쉽지 않았다. 그 시절 자료는 전부 모아서 성공회대학교에 주었다고 했는데, 많기는 많은데 전혀 정리가 되지 않은, 그야말로 박스째 있는 문건 같은 것들이었다. 자료 정리는 게으르게 하고, 우리는 꿈부터 꾸었다. 언젠가 '이상한 나라의 인민노련'을 다 쓰면, 책 표지에 노회찬의 얼굴을 넣고, 그것으로 버스 광고를 하고 싶었다. 그래서 정치인 노회찬이 아닌 인간 노회찬의 얼굴이 버스에 붙어서 시내를 누비는 모습을 보고 싶었다. 나는 꿈같은 게 거의 없는 사람이지만, 그 꿈만큼은 정말로 해보고 싶었다. 노회찬이 대통령이 되거나, 뭐 그런 것은 아니었다. 그 시절에 우리가 꿀 수 있는 가장 근사하고 실현 가능성이 높은 꿈이었다.

그렇지만 그 일은 할 수 없는 일이 되었다. 이재영이 먼저 암으로 떠나갔다. 2012년의 일이다. 암으로 투병하는 친구에게 옛날 이야기를 해달라고 말하기는 어렵다. 그리고 다시 노회찬이 떠났다. 고기를 구우면서 파편적으로 용접공 시절을 회상하던 이야기 몇 토막만 기억에 남았다.

내가 인민노련을 중요한 조직이라고 생각한 이유는 그것이 최대 조직이었거나, 1987년 항쟁을 결정적으로 이끌어낸 영웅적 조직이라서 그런 것은 아니다. 내 주변에는 사노맹(남한사회주의노동자동맹) 출신 사람도 많고, 별의별 지하조직에서 중요한 일을 했던 사람도 많다. 꼭 인민노련이 아니더라도 1980년대 노동자 운동을 하기 위해 떠난 대학생들의 일을 정리할 방법은 많다. 그렇지만 이재영과 노회찬의 삶을 달랐다.

진보 진영 내에도 학벌과 위계가 있을까? 그러면 안 된다고 우리는 머릿속으로 생각한다. 그렇지만 서로가 서로를 소개할 때, 제일 먼저 학교부터 소개하고 학번 소개하는 방식으로 우리는 서로를 인지한다. 그러고는 그 사람의 현재 직업에 대해서 이야기한다. 그러면 안 된다고 머리로는 생각하지만, 운동권들도 다 이렇게 살아간다.

선후배, 일본의 한국 통치 기간에 남겨준 유산 아닌 유산이다. 나이 따지고, 학교 따지고, 학번 따지고, 이것이 21세기에 도대체 무슨 짓인지 모르겠다. 조선 최고의 우정을 자랑하는 오성과 한음이 다섯 살 차이였다. 이것이 우리 시대에 벌어질 수 있는 일인가? 칼 같이 '민중'을 들이대고, 위계부터 따지는 사회가 되었다.

나는 이재영의 친구로 노회찬을 알게 되었다. 그래서 노회찬과도 친구가 되었다. 노회찬은 누구와도 친구가 되고, 누구의 손이라도 덥석 잡아주고, 힘내라고 말한다. 나는 그렇게는 잘 못했다. 노회찬은 선배와 후배를 원한 것이 아니라, 더 많은 친구를 원했던 것 같다. 우리는 말은 서로 '동지'라고 했지만, 그 밑으로는 학력과 학벌 등 별의별 위계를 다 깔고 있었던 것 같다.

노회찬이 추구한 많은 가치는 진보의 핵심 중의 핵심이다. 노동에서 출발해서 환경, 젠더, 풀뿌리 민주주의에 이르기까지, 그는 사상적으로도 위대했고, 실천으로도 진실했다. 그러나 내가 그 수

많은 영웅 속에서 유일하게 '친구'라고 불렸던 노회찬은 정말로 사람들을 우정으로 대했다. 잘나건 못나건, 같은 길에 서 있는 우리는 다 친구다.

여담이지만, 나는 이재영의 나이를 그가 죽은 뒤에나 알게 되었다. 우리는 그런 이야기를 나눈 적이 없었다. 1980년대 운동권, 군대처럼 살면서 우리에게도 군대식 위계와 계통이 삽입되었다. 명령을 내리고 누군가는 그 지시를 따르고……. 그렇게 우리는 군인과 싸우면서 우리도 군인을 닮아간 것인지도 모른다. 운동권 남자 엘리트 중에서 내면화된 위계를 갖지 않고 살아가는 사람으로 나는 노회찬을 기억한다.

──사람들을 잘 웃겼던 노회찬

노회찬의 자살은 비극적인 사건이다. 말해 뭐하겠는가. 노회찬의 장례식장은 오래된 그의 동료들과 후배들이 우는 소리, 화내는 소리, 달래는 소리로 가득 차 있었다. 어쨌든 마지막 순간에 그는 매우 외로웠을 것 같다. 노회찬만큼 친하게 지냈던 사람은 아니지만 최근에 배우 전미선의 자살이 있었다. 짧게 몇 번 대화를 나누웠고 다음에 만나면 소주 한잔하기로 했는데, 그럴 기회는 생기지 않았다.

삶이란 과연 무엇일까? 노회찬은 늘 즐겁고 활기찼다. 전미선은 안정적이었고, 그녀의 주변에는 사람이 많았다. 많은 사람이 그녀를 좋아했던 것 같다. 외로움이 마지막 모습이 된 것인지, 아니면 우울증 같은 마음의 병이 또 다른 아픔인지, 사실 그런 것은 잘 모른다.

자살한 사람들은 이유야 어쨌든, 그 삶은 모두 자살을 향해서 걸어가는 행진 같은 것일까? 그렇게 생각하고 싶지는 않다. 마지막 순간에 아주 외로웠을 것이고, 참으로 힘들었을 것이다. 그 정도로 생각하기로 했다. 그의 삶이 자살로 끝났다고 해서, 그 앞에 이룬 많은 것과 그가 가졌던 가치와 덕목이 소용없는 것일까? 아마 나도 노회찬 같이 가까운 사람의 자살이 아니었다면, "자살은 자살일 뿐이다"고 매정한 이야기를 했을지도 모른다. 그러나 그가 떠난 이후, 나는 삶에 대해서 심지어는 자살에 대해서도 많이 생각했다.

노회찬이 평소 가졌던 운동가로서 혹은 국회의원으로서 그 가치와 신념에 대해서는 이야기해줄 사람이 많이 있을 것이다. 내가 여기에서 특별히 보태고 싶은 이야기는, 그가 늘 명랑하려고 노력했던 사람이고, 기회가 날 때마다 사람들을 웃을 수 있게 해주려고 했다는 점이다. 그것이 '삼겹살 불판' 같은 촌철살인의 언어가 되었다.

내가 첫 책을 낸 것은 2005년이었는데, 노회찬과 알게 된 것은 다니던 회사를 그만두고 시민단체 일을 도와주고 있던 2003년경이었다. 『88만원 세대』는 2007년에 썼다. 이 과정이 그렇게 순탄하거나 즐겁기만 한 것은 아니었다. 노회찬은 2004년 민주노동당의 첫 원내 진출로 비례대표 국회의원이 되었다. 브라보? 수많은 계파 속에서 그는 힘들었고, 기회만 되면 다음 순번에게 의원 자리를 물려주고 싶어 했다. 그리고 삼성 X파일 사건이 생기고, 2008년 국회의원 선거(노원병)에서는 홍종욱에게 패했다. 차마 노회찬에게 나도 힘들다고 뭐라고 못할 정도로 힘든 시간의 연속이었다.

2009년 노회찬은 서울시장 선거에 나서게 된다. 나는 그렇게까지 정치에 나서고 싶지 않았는데, 그의 부탁을 받고 선거 후원회장을 맡게 되었다. 그때 선거 조직을 맡았던 사람이 나중에 그의 국회위원 보좌관이기도 했던 오재영이었고, 뒤에서 정책팀을 이끌었던 사람은 이재영이었다. 종로 뒷골목에 있던 그의 선거 사무실에서 어쨌든 나름 재미있게 놀았던 기억이 있는데, 그렇게 모였던 친구들이 상당수 유명을 달리했다. 가끔 그 시절을 돌아보면, 운명이라는 것은 참 가혹하다는 생각을 하게 된다.

돌아보면 '강철 같은 의지' 혹은 '불타는 사명감' 같은 말로 그 순간들을 장식할 수야 있겠지만, 당사자들은 얼마나 괴로웠겠는가? 그러나 그 시간들을 괴로워하거나 고통스러워하면서 보내지만은 않았다. 키득키득하고, 농담을 던지면서 서로 골려먹기도 하고, 시답잖은 농담 같은 것을 많이 했다. 국제 녹색당Global Greens 헌장의 마지막 문장은 다음과 같이 끝난다. "우리는 우정과 낙관, 유머로 서로를 북돋을 것이며, 그 과정에서 즐거움을 잊지 않을 것이다."(2001년 캔버라 세계 녹색당 대회)

이 말은 조금씩 형태가 바뀌지만 녹색당 대회나 헌장 같은 데 마지막 문장으로 빠지지 않는다. 안 그럴 것 같아도, 녹색당 같은 생태주의자들도 모이면 서로 엄청나게 싸운다. 오죽하면 '우정'과 '유머'가 녹색당의 일관된 가치로 선택되었겠는가? 사정은 진보정당 운동도 다르지 않다. 몇 차례에 걸친 분당 과정은 동료들끼리 보여줄 수 있는 극한의 아픔을 보여준 것 같다.

그때 나는 내 글의 모토로 '명랑'을 잡았다. 웃는 것 말고는 더 할 수 있는 게 없었다. 울거나 화를 낸다고 뭔가 해결될 것 같지는 않았다. 물론 나는 그나마도 잘 못한다. 노회찬은 확실히 나보다 나았다. 나는 그저 나라도 명랑하려고 노력한 반면, 그는 녹색당 강령에 나오는 '유머'와 같은 삶을 살려고 했다. 끊임없이 웃기려고 시도했고, 가끔은 모두를 웃겼다. 그리고 그 성공한 유머는 온 국민에게 촌철살인으로 다가갔다.

아무나 갖기 어려운 그 명랑하고 유머 가득했던 노회찬을 더는 볼 수 없다는 것이 슬프기는 하다. 더 슬픈 것은, 노회찬이 살아서 얼마나 웃기를 좋아하고, 그보다는 몇 배로 다른 사람 웃기기를 좋아했던 사람인지를 이야기하기가 쉽지 않다는 사실이다. 그래도 나는 노회찬의 아름답던 찰나의 순간에 대해서 기억하고 싶다.

시간이 지나면 사람들의 기억도 흐릿해진다. 국회의원 노회찬, 운동 선배 노회찬, 진보정당의 창업자 노회찬, 이런 딱딱하고 위계 넘치는 표현보다는 그냥 '사람들을 잘 웃겼던 친구'로 기억되었으면 좋겠다. 그가 더 많은 사람을 웃기기에 활동했던 공적 장소가 너무 협소했고, 그의 시간도 너무 짧았다. 어찌겠는가. 그렇게 시간이 지나간 것을……. 노회찬이 가졌던 진정한 평등의 정신과 유머의 정신, 그런 것들이 어디선가 다시 꽃피우기를 바랄 뿐이다.

노동 해방을 꿈꾸며 대학을 뒤로 하고 공장으로 떠나간 한 20대 초반 청년의 뜨거운 삶은 결국 아파트 계단 앞에서 종료한다. 그 과정을 생각하면 가슴에서 진한 감정이 들고, 자꾸 눈물이 나오려고 한다. 그렇지만 그렇게 하지 않으려고 한다. 노회찬이 별로 그렇게 하는 것을 바라지는 않을 것 같다. 아마 천국에 먼저 간 친구들, 이재영과 오재영을 만난 노회찬은 또 재미있는 시간을 보내고 있을 것이다. 그리고 거대하고 위대한 일은 아니더라도, 노회찬이 꿈꾸었던 즐겁고 '재미진' 세상을 위해서 내가 할 수 있는 작은 일이라도 하려고 한다.

나는 내 친구 이재영이 죽은 이후로 명랑에 대해서 한동안 이야기하지 못했다. 내가 이야기하던 명랑은 이재영과 노회찬에게서 온 것이다. 그리고 노회찬이 떠난 후, 다시 명랑에 대해서, 유머에 대해서 생각하기 시작했다. 내가 그 이야기를 하지 않으면, 노회찬은 너무나 슬프고 심각하게 삶을 살았던 고뇌에 찬 파우스트형 인간으로 기억할 것 같았다(민주노동당 사무총장 시절, 가끔 그를 메피스토펠레스 같다고 놀려먹기는 했다). 그 명랑했던 사람들의 웃음 넘치던 순간을 나는 잊지 못할 것 같다. 나는 그 친구들을 생각하며, 징하게 살아남아, 이 세상을 조금이라도 더 명랑이 넘치는 천국 같은 곳으로 만들어보고 싶다고 다짐한다. 아마 노회찬은, 내가 이렇게 웃고 지내는 삶을 바랄 것이다. 이제 추모와 추도는 그만하고, 농담 가득한 축제를 벌일 시간이다.

정의로운
정치인

——우리는 모두 울었다

이 글을 쓰는 건 정말 고통스럽다. 아직도 너무 생생한 노회찬 의원의 죽음을 담담하게 회고하기에는 1년이라는 시간이 너무 짧다. 그를 지켜주지 못했다는 자책과 미안함, 그의 빈자리에 대한 아쉬움과 그리움이 범벅이 되어 장례식장으로 5만 여 명의 조문객이 모여들었다. 김제남 전 의원은 "너무 아파"라고 말하며 어린아이처럼 울었고, 천영세 고문은 영정을 보며 "내가 아는 노회찬이 아니다. 당신 가짜야"라고 소리쳤다. 인천에서 노회찬 의원과 같이 노동운동을 한 송영길 의원은 하늘이 무너져버린 것처럼 망연자실했고, 민화협(민족화해협력범국민협의회) 조성우 전 상임의장은 화가 나서 유족이건 누구건 "지키지도 못한 놈"이라고 소리쳤다.

당직자들이 모여 추모 동영상을 만드는 작업을 하다가 모두 울어버려서 도저히 작업이 되지 않았다. 신장식 사무총장이 "실컷 울고 나서 나중에 하자"고 다독였다. 이 폭염에 감당하기 어려운 재난이었다. 끝을 알 수 없는 슬픔의 바다였다. 각계각층과 해외에서도 조문을 왔다. 추모식과 영결식이 정신없이 이어지는 동안 많은 시민이 정의당 낭원으로 가입을 신청해서 비로소 정의당은 5만 진성당원 시대를 열었다. 서울 강남의 한 자영업자는 "내가 누구인지 확인 전화도 하지 말고, 오직 청년들에게 노회찬 정신을 계승하는 사업에만 쓰라"며 사실상 자신의 전 재산을 보내왔다.

내가 주로 활동하는 정의당 충북도당 사무실 앞에는 아침마다 "노회찬 정신을 이어달라"는 꽃다발이 놓여졌다. 그렇게 이름 없는 시민들, 노회찬 의원의 표현대로 '투명인간'이라고 할 수 있는 서민들의 참여와 후원은 노회찬 의원이 정의당에 마지막으로 남겨준 유산이었다. 참으로 이상한 일은 장례식장에서 눈시울을

붉힌 조문객의 압도적 다수는 30~40대 여성이었는데, 노회찬 의원 서거 이후 입당자의 대부분은 40~50대 남성이었다는 점이다. 이처럼 남녀 성별로 정치적 의사를 표현하는 방식이 다르다. 노회찬 의원의 죽음이 여성들에게는 사랑과 연민을 일깨우는 큰 울림이었다면, 남성들에게는 다시 사회정의를 구현하는 전선에 참여하라는 소집 명령서였다.

누구나 평등하고 존중하면서, 반칙과 특권이 사라진 나라를 만들자는 강렬한 메시지는 사람들을 움직였다. 굳이 성적 차이를 강조하고 싶지는 않지만, 이 나라 정치의 전쟁터에서 유권자 여성들은 기도를 하고 유권자 남성들은 자진 입대해 총을 든다. 아직도 정치는 전쟁과 비슷한 원리라서 그런가 보다.

──노회찬이 없는 정치

그런가 하면 노회찬 의원은 서민인 동시에 엘리트였다. 서울 강남의 한 치과의사부터 그 병원을 청소하기 위해 6624번 새벽 버스를 타는 청소 노동자들까지 노회찬 의원은 골고루 통하는 인물이었다. 사회적 처지가 다른 그들은 노회찬 의원을 기억함으로써 갈등 속에서도 연민을 느꼈다. 노회찬 의원의 음성 속에서 해학과 환희를 느꼈고, 위로받은 사람들이었다. 그들이 모두 정의당 문을 두드렸다. 생활의 사소한 것에 눈길을 주고 멋을 아는 정치인은 따뜻함으로 세상을 일깨운다.

사람들은 노회찬 의원을 정의를 향한 투사로 기억할지 모르지만, 가까이서 보면 그는 풍류를 알고 요리를 즐기며 멋을 아는 교양인이다. 그를 따라다니면 서울의 모든 맛집을 답사하는 호사를 누리게 된다. 한 번은 노회찬 의원이 2005년 한미 자유무역협정FTA 반대 투쟁을 하느라고 신라호텔 앞에서 철야 농성을 할 때 바닥이 비탈져 몸을 누이기가 너무 힘들었고 고통스러웠다고 회고한 적이 있다. 그러면서 우리에게는 "농성을 하려거든 평평한 곳에서 하라"며 미소를 지었다. 기쁨과 고통이 무엇인지를 알려주는 친절함과 서정성을 느끼다 보면 노회찬 의원은 '조선시대의 어느 시인이 환생한 것 아닌가' 하는 상상이 펼쳐진다.

나에게는 복잡한 외교안보 현안에 대해 지식을 요구하며 "많이 배운다"며 학생의 자세도 보여주었다. 회의 시간에 말이 없으면 반드시 의견을 물어보는 자상함 때문에 가끔은 우리도 말도 안 되는 의견도 용감하게 주장한다. 정치를 한 지 얼마 안 되어 내 마음을 알아줄 것 같은 이런 풍모에 나는 홀딱 반했다. 그것이 지금은 슬픔으로 연결된다.

　　노회찬 의원 서거 이후 많은 사람의 입당으로 정의당은 새로운 에너지로 충전되었지만, 반면에 정의당이 감수해야 할 손실과 희생도 컸다. 당장 어렵게 만들어진 민주평화당과의 공동교섭단체가 붕괴되었다. 그러자 2020년 총선을 앞두고 선거법 개정으로 정의당의 도약을 도모하려던 전략에 큰 차질이 생겼다. 여야 4당 체제는 국회에 진보 두 당과 보수 두 당 간의 세력균형 체제였다. 그러나 공동교섭단체 붕괴로 이어진 3당 체제는 진보정당에 아주 나쁜 정치체제가 되었다. 더불어민주당의 왼편에서 집권당을 개혁으로 소매를 잡아 이끄는 예인선 하나가 사라짐으로써 더불어민주당은 보수 야당에 끌려다닐 가능성이 더욱 커졌다.

　　더불어민주당이 사회개혁을 주저하고 현상 유지에 급급해진 것은 진보정당이 교섭단체 지위를 상실한 것과 불가분의 관계가 있다고 보인다. 자유한국당이 연동형 비례대표제로 선거개혁이 일어나 정의당이 교섭단체로 약진할 가능성을 극력 저지하려는 모습을 보이는 것도 이와 관련이 있을 것이다. 무엇보다 대한민국 국회가 노회찬 의원을 잃은 것은 큰 자산의 손실이었다. 모두가 기득권의 손익계산서를 만지작거리고 있을 때 죽비처럼 내려치는 목소리가 사라진 것은 정치의 건강을 지키는 백신이 사라진 것과 같다.

노회찬 의원이 아니라면 앞으로 누가 국회 법제사법위원회에서 교도소 재소자의 인권을 부르짖을 것이며, 누가 국회 특수활동비를 비롯한 기득권 폐지를 외칠 것이고, 누가 기득권자들의 교만한 논리를 분쇄할 것인가? 누구든 할 수 있는 일이지만 누구도 할 수 없는 일이다. 나는 정당의 이익을 떠나 노회찬 의원이 없는 정치 자체가 어색하다. 그 상실감을 정말 견디기 어렵다. 이런 망연자실함이 바위처럼 버티고 있으니 그의 생애와 죽음에 대한 논리적 이해 자체가 어려울 뿐이다.

머릿속까지 익어버리게 만드는 2018년 7월의 폭염 속에 노회찬 의원은 먼 곳으로 갔다. 사십구재四十九齋도 지나고 제법 선선한 바람이 불어오던 그해 9월, 노회찬 의원이 없는 국회가 열렸다. 그의 자리는 원래 바로 내 뒷자리였다. 원내 대변인인 나는 본회의장에서 예기치 않은 일이 벌어질 때마다 호기심이 많은 어린아이처럼 뒤를 돌아보았다. 그날도 단상에서는 권력을 향한 의지와 의지가 충돌하는 사건이 벌어지고 있었다. 이때 나는 무심코 뒤를 돌아보고 있었다. 그러고 나서야 그가 이제는 그곳에 앉아 있지 않다는 사실을 깨닫고 소스라치게 놀랐다. 머리로는 그가 없다는 것을 알았지만, 지난 2년간 몸에 밴 습관은 아직도 그의 존재를 인식하고 있었다.

표결 상황이 표기되는 전광판에도 노회찬의 이름은 없었고, 명패도 없어 본회의장 어디에서도 그의 흔적을 찾을 수 없었다. 원래 소수 정당의 국회의원은 지독히도 외로운 존재다. 이제 물어볼 사람이 내 뒤에 없다는 점이 명확해지자 순간 나는 정치적 고아가 되고 말았다. 품격이 높은 정치적 해석을 채우지 못한 내 마음의 공백이 몹시 고통스러웠다. 마음껏 울지도 못하는 나는 심리치료가 필요한 상실의 세계로 들어갔다.

——노회찬은 늘 노동 현장에 있었다

노회찬 의원은 우리에게 어떤 존재였는가? 그는 길을 밝히는 등불이었고 우리를 비추는 거울이었으며, 지나가 버린 바람이었다. 항상 무언가를 응시하며 분석하고 상상하는 사색의 덩어리, 깊은 사유에서 나오는 통찰의 힘을 느끼게 한 인물이었다. 그의 화려한 언변과 수사의 이면에는 치열하게 자신을 단련하고 흔들리지 않게 하는 강인한 정신이 숨어 있었다. 노회찬 의원의 부인인 김지선 여사는 장례식장에서 "내가 결혼한 상대는 길을 알려주는 노회찬의 통찰력이었다"고 회고한 바 있다. 길을 묻고 의지하고 싶은 상대였다는 뜻이다.

노회찬 의원이라는 정치인을 관찰하면 그의 사상이 씨앗처럼 작고 단단하다는 것을 알 수 있다. 그러나 그의 정치는 열매처럼 크고 풍성하다. 사회민주주의자로서 진보 이념이 세상을 구할 것이라는 믿음은 굳건하지만 함부로 아무 때나 드러내면 경직된 이데올로그가 된다. 부지런히 학습하고 때를 노리되 정치 언어는 누구나 쉽게 알아들을 수 있도록 상식적이고 보편적이어야 한다.

노회찬 의원은 끊임없이 노동 현장을 다녔다. 나는 지금도 노동 현장을 다닐 때마다 노회찬 의원이 오래전에 이미 다녀갔다는 사실을 알게 된다. 누구나 알고 있듯이 노회찬 의원은 대중 정치인으로서 사람의 마음을 동원하는 데 뛰어난 능력을 보여주었다. 그가 강력한 카리스마를 보여준 적은 없지만, 집회의 맨 뒷자리에 앉아 있는 사람에게까지, 출근길에서 이어폰을 끼고 있던 한 노동자에게도 전달되는 진정성의 힘은 분명 마력이었다. 그것은 스스로 언어를 단련시켰기 때문이다.

내가 의원실로 노회찬 의원을 찾아가면 그는 항상 컴퓨터 앞에서 자료를 뒤적이고 무언가를 끊임없이 기록하고 있었다. 학습과 탐색을 통해 가장 적절한 비유의 언어를 찾는 데 그는 가장 많은 시간을 쏟았다. 그의 존재로 인해 우리는 혼란스러운 상황에서도 빛줄기를 보고 희망을 찾고 다음 행동에 대한 확신을 도모할 수 있었다. 그리고 그를 의지했다. 그러나 단 한 번의 실수로 강요된 도덕적 딜레마는 최종 방어선을 무너뜨리며, 무서운 속도로 노회찬 의원의 인격을 붕괴시켰다. 그것이 2018년 7월 23일 아침의 참혹한 사건으로 드러나자 한 세계가 무너졌다.

──가장 외롭고 고통스러운 시간

사건은 정의당이 민주평화당과 공동교섭단체를 구성해 노회찬 의원이 초대 원내대표를 맡게 된 2018년 4월부터였다. 원내대표를 맡고 교섭단체 회의에 처음으로 들어가던 날 노회찬 의원은 기자들에게 "떨린다"고 했다. 국회의 운영에 관한 교섭단체 회의에 참석하니 심장박동이 빨라졌나 보다. 그만큼 오래전부터 꿈꾸어왔던 정치의 중심에 들어온 기분이었을 것이다. 정세균 국회의장 주재로 열린 첫 회의부터 자유한국당 김성태 원내대표는 국회를 아예 파행으로 몰고 가려고 작정한 것처럼 보였다. 더불어민주당이 야당 시절 발의했던 방송법 개정안을 자유한국당이 토씨 하나 고치지 않고 통과시키자고 하자, 더불어민주당이 이를 거부했다. 이것으로 4월 국회는 파행으로 치달았다.

5월이 가까워지자 자유한국당은 김경수 경남 도지사가 연루되었을 것으로 의심되는 드루킹에 대한 특별검사 도입을 주장하며 지속적으로 국회 파행을 유도했다. 문재인 후보를 돕기 위해 대선 당시 댓글 공작을 한 드루킹에 대한 특검 도입은 더불어민주당에 정치적 급소였다. 문재인 정부의 정통성을 잠식하며 정국의 주도권을 자유한국당이 행사할 수 있는 회심의 카드였다. 정국이 극한으로 치닫던 5월 5일에 단식 농성을 하던 김성태 원내대표가 국회 안에서 괴한에게 폭행을 당하는 사건이 터졌다. 이 사건 직후 목에 깁스를 하고 슬리퍼 차림으로 나타난 김성태 원내대표는 교섭단체 회의에서 드루킹 특검을 반대하는 노회찬 의원에게 놀랄 만한 말들을 쏟아냈다.

무서운 일이었다. 정치인이 특정 사안에 대해 찬성할 수도 있고, 반대할 수도 있다. 그러면 그것을 논리적으로 지적할 일이지 한에 맺힌 섬뜩한 말들을 노회찬 의원에게 집중하는 것을 보고 나도 상당한 충격을 받았다. 나는 정치권에서 이런 언어를 접해본 적이 없다. 그런데 도무지 김성태 원내대표의 말의 배경을 짐작할 수 없었다. 그 다음 날, 한 중앙 일간지에 노회찬 의원이 2016년 총선 당시 드루킹 측이 노회찬 의원 측에 거액의 금품을 제공했다는 의혹이 검찰에 포착되었다는 보도가 나왔다. 그런데 이 의혹은 이미 의정부지검 고양지청이 드루킹 수사를 통해 무혐의로 종결된 사안이었다. 왜 엉뚱하게 지나간 일이 다시 보도되었는지 그 배경을 알 수 없었다.

그런데 정작 노회찬 의원은 특별한 입장을 밝히지 않았고, 정의당 의원들은 마타도어matador에 불과하다고 치부해버렸다. 그러나 언론 보도가 이어지면서 6월에서 특검이 합의된 7월 초까지 노회찬 의원은 계속 의혹 제기에 시달렸다. 아마도 그의 정치 인생에서 가장 외롭고 고통스러운 그 시간에도 노회찬 의원의 표정은 흔들리지 않았다. 일부 언론이 의정부지검 고양지청에서 갖고 있던 드루킹의 진술서 등 수사 자료를 확보한 것 같은 정황이 드러나고 있었다. 노회찬 의원은 자신을 변호하지 않고 침묵했다.

노회찬 죽이기는 지속적이고 집요했다. 어느 시점에 수사 자료가 유출된 정황이 드러났고, 언론을 통해 압박이 계속되는 동안 정의당 의원들은 사태의 심각성을 알지 못했다. 매우 민감한 문제였고, 노회찬 의원이 스스로 잘 대처할 것이라고 여겼다. 노회찬 의원은 각 당 원내대표단과 함께 미국으로 출국하면서 비서실장에게 "내가 다 안고 가겠다"는 짤막한 한마디만 남겼다. 그리고 우리는 다시는 그를 보지 못했다. 귀국한 일요일에 잠깐 사무실에 나온 그는 유서를 작성했다. 어머니와 남동생이 기거하는 아파트를 찾아갔고, 일체 외부와의 연락을 끊고 다음 날 바로 그곳에서 투신했다.

노회찬 의원은 수없이 따귀를 맞았다. 이상하게도 허익범 특검은 애초 출범 목적인 김경수 경남 도지사에 대한 수사는 미적거리면서 노회찬 의원과 정의당을 소환할 계획을 끊임없이 언론에 흘렸다. 특검은 출범 초기부터 가장 먼저 노회찬 의원부터 소환하겠다고 했다. 그러다가 노회찬 의원이 서거하고 장례 기간 중이었음에도 나와 심상정 의원까지 소환할 수 있다는 이야기가 또다시 언론에 보도되었다. 그 이유는 단순했다. 내가 2016년에 경기도 파주에서 정의당 당원을 상대로 강연한 적이 있는데, 하필이면 그 장소가 드루킹이 운영하던 느릅나무 출판사 강당이었다.

또한 심상정 의원이 한 시민단체 행사에 참여했는데, 그때 드루킹이 옆자리에 앉아 있는 사진이 발견되었다는 것이다. 여기에다 스스로 '깨어 있는 시민'을 자처하면서 권력을 만들고 정권을 압박하던 이 희대의 정치 브로커가 트위터에 "심상정과 김종대를 가만두지 않겠다"고 글을 올린 적이 있었는데, 이것이 특검의 관심사라고 언론에 보도되었다. 몇몇 언론은 "김종대 의원도 특검이 소환을 검토하고 있다"고 했다. 이 특검은 정의당 특검이나 다름없었다. 게다가 자유한국당으로서는 더불어민주당뿐만 아니라 그 '2중대'라고 낙인찍은 정의당까지 손을 볼 양수겸장의 날이었다.

나는 당시 허익범 특검이 이미 방향을 상실하고 좌충우돌하며 자신의 존재감을 확인하기 바빴다고 본다. 딱히 이유도 없고, 근거도 없다. 그러나 냉엄한 정치 현실은 정치적으로 가장 약자인 정의당이 가장 피해를 입기 쉽다는 현실을 일깨웠다. 눈코 뜰 새도 없는 장례식장에서부터 정의당은 경악했다. 노회찬 의원의 죽음이 끝이 아니라면 앞으로 무슨 일이 기다릴지 알 수 없었다.

——우리는 노회찬을 보내지 않았다

노회찬 의원이 2016년 총선에서 고등학교 동창에게서 돈을 받고, 이를 회계처리하지 않은 것은 중대한 실수다. 이에 대해 노회찬 의원은 유서에서 "부끄러운 판단이었다"고 했다. 그러나 그 부끄러운 판단이 죽음으로 이어지는 데는 어떤 정치적 역학이 작동했다고 본다. 정치인이 잘못을 했으면 그에 상응하는 벌을 받으면 된다. 의원직을 내려놓고 감옥에 가서 1~2년 살면 될 것 아닌가. 대부분의 정치인들이 그렇게 꽃처럼 피었다 지기를 반복한다. 이게 뭐가 문제란 말인가? 그렇게 살면 될 일 아닌가? 이렇게 속 편하게 살면 정신건강에도 도움이 되고, 쓸데없는 압박감에 시달리지 않아도 된다. 그런데 정작 노회찬 의원은 그렇게 할 수 없는 명확한 이유와 말 못할 사정이 있는가? 우리는 노회찬 의원에게서 답을 듣지 못했다.

독일 사회학자인 노르베르트 엘리아스Norbert Elias는 "문명이 발전되는 데 가장 큰 원동력은 수치심이라는 감정이다"라고 말한 바 있다. 자신의 도덕률에 비추어 부끄러우면 세상의 법이 아니라 자신이 자기 자신을 판결한다. 내면의 법률은 주변 사람들에게 폐를 끼치면 안 된다는 엄격한 금지선을 설정해서 이를 위반하면 수치심이라는 감정으로 자신을 처벌한다. 배심원도 없고 방청객도 없는 비밀 법정이다. 그런 도덕 법정이 사람마다 유지되고 사회적 계약을 맺을 때 문명이 발전된다고 엘리아스가 말한 것이라면, 우리는 얼마든지 수긍할 수 있다. 그러나 죽음의 문제는 그런 도덕률의 한계를 초월한다. 사람은 수단적 존재가 아니라 그 자체로 목적이기 때문이다.

노회찬 의원 서거 당시에 정의당은 지방선거를 어렵게 치르고 지지율이 치솟았으며 새로운 도약을 위한 긍정적 에너지로 가득 차 있었다. 하필이면 이런 때에 도덕적으로 치명상을 입고 넘어지면 이만저만한 폐가 아니었을 것이다. 바로 이 시점에 노회찬 의원은 스스로 사형을 판결한 것으로 보인다. 극우단체는 이 죽음마저 악용했다. 타살설을 제기하며 장례식장 앞에서까지 시위를 하는 태극기 부대까지 등장했다.

노회찬 의원 서거 이후 자유한국당과 수구세력의 정의당에 대한 적대감은 더욱 고조되었다. 2018년에는 노회찬 의원의 순수성을 폄훼하고 사정없이 따귀를 때렸다. 이것으로 실패한 박근혜 정부의 치부를 가리고 자유한국당 의원들의 취업 청탁 비리, 금품 수수, 선거법 위반으로 얼룩진 도덕 붕괴를 만회하려고 했다. 2019년은 정의당의 성장의 기회를 재앙으로 규정했다. 정의당 성장의 디딤돌이자 정치개혁의 문을 여는 연동형 비례대표제에 대해 '좌파 신독재 출현', '악의 탄생'이라고 선동했다. 값싼 언어에다 증오를 내뱉는 저 감정의 배설 작업은 오늘날 우파 정치의 민낯이다.

물론 정의당이 모든 것을 잘하는 정당은 아니다. 우리도 많은 흠이 있고 실수를 한다. 게다가 약할 때가 많다. 그러나 보수정당은 특히 정의당을 꼭 집어서 악마화하는 과정을 통해 무언가 정치적 이익을 얻을 수 있다고 믿는 것 같다. 역설적으로 노회찬 의원의 죽음의 진정한 배후는 지금 나타나는 중이다. 우리는 국회 본회의장에서 벌어지는 타락한 정치를 통해 "저것이 바로 노회찬 의원의 죽음을 초래한 몸통"이라고 말해야 한다.

"기득권을 포기하자"고 외친 정의로운 정치인에게 기득권 세력은 죽음을 강요하고, 악마화하고 한 번의 실수를 포착하는 데 유능함을 보여주었다. 노회찬 의원은 사라졌지만 아직도 그 전쟁은 진행 중이다. 자신을 낮은 곳으로 내려놓고 투명한 눈으로 세상을 보되, 가슴에서 우러나오는 언어로 이야기할 수 있는 그가 정작 필요한 때다. 그러므로 노회찬은 떠났지만, 우리는 아직도 노회찬을 보내지 않았다.

제3장

/

노회찬이 꿈꾸는 세상

정의를 실현하는
국회를 만듭시다

—

노회찬

노인 빈곤율이 가장 높은 나라

사랑하고 존경하는 국민 여러분, 국회의장과 동료 의원 여러분. 정의당 원내대표 노회찬입니다.

지난번 정진석 · 김종인 · 안철수, 세 분 교섭단체 대표 연설을 경청했습니다. 사회 양극화와 고령화 시대를 걱정하는 목소리들이 높았습니다. 현실 인식과 해법 제시 중에서 특히 현실 인식이 대동

소이하다는 점에서 한편으로는 다행스럽다는 생각도 들었습니다. 그러나 인식이 비슷하다고 안도하기엔 우리 앞에 놓인 현실이 매우 위중합니다.

우리나라 국민들은 부지런하다고 합니다. 실제 OECD 평균보다 1년 동안 300시간 더 일하고 있습니다. 하루 8시간으로 계산하면 1년에 37일을 더 일하는 셈입니다. 정년퇴직 후에도 세계에서 가장 오래 일합니다. 한국 남성들의 유효 은퇴 연령은 72.9세이며 심지어 75세 이상 인구의 고용률은 세계 최고입니다.

그런데도 65세 이상 노인 빈곤율은 OECD 회원국 가운데서 가장 높은 수준입니다. 부지런해서 일을 많이 하는 것이 아니라 가난 때문에 인생의 마지막 순간까지 힘든 노동에서 떠나지 못하는 것입니다.

더욱 우려스러운 것은 상황이 나아지는 것이 아니라 악화되고 있다는 것입니다. 얼마 전 서울 서초구의 고소득층 수명이 평균 86세인데, 강원도 화천군 저소득층의 수명은 71세라는 보고가 있었습니다. 소득 양극화가 건강 양극화를 거쳐 수명 양극화로 이어지고 그 격차가 점점 벌어지고 있는 현실입니다.

그래서 『성공한 국가 불행한 국민』이라는 책에서 김승식 저자는 이렇게 묻습니다. "대한민국은 경제적으로 성공한 국가라고 일컬어진다. 하지만 대다수 국민은 경제적으로 불행하다고 느끼며 살고 있다. 도대체 왜 경제적으로 성공한 국가의 다수 국민의 삶이 고단하고 불행한 것인가?"

현실 인식이 비슷하다고 말씀드렸습니다만 1997년 외환위기 이후 우리의 현실은 거의 개선되지 못했습니다. 오히려 악화되었습니다. 이 기간 동안 기업 총부채는 2분의 1로 줄어든 반면, 가계 부채는 4배로 늘었습니다. 비정규직 노동자가 2배로 는 것도 이 시기입니다. 사회 곳곳에서 소수의 강자는 더 강해지고 다수의 약자는 더 약해졌습니다.

이제 우리는 지난 10년, 아니 지난 20년간 우리 사회를 운영해왔던 해법들이 결국 어떤 결과를 낳았는지 돌아봐야 합니다. 오늘의 상황을 만든 정책들과 결별하지 않고서 현실을 한 걸음도 개선하기 어렵다는 사실을 인정할 때입니다.

고용 불안 사회

박근혜 정부에 이르기까지 그간 정부는 일관되게 감세정책을 펼쳤습니다. 특히 법인세를 대폭 인하했습니다. 기업의 세금을 깎아주면 그것이 자연스럽게 투자로 이어져, 고용이 창출되고 소비가 다시 살아나 경제가 활성화될 것이라는 논리였습니다. 그러나 그 결과가 무엇입니까?

투자는 활성화되지 않았고, 일자리는 열악해졌으며, 30대 재벌에는 700조 원의 사내 유보금이 쌓였습니다. 그중 현금성 자산만 100조 원이 넘는다는 통계입니다. 또한, 지난 정권은 일관되게 노동 유연화를 주장하며, 비정규직을 늘리는 정책을 추진했습니다. 고용이 유연해야 기업들이 해고의 부담에서 자유로워져 일자리를 늘릴 것이라는 논리였습니다. 그러나 그 결과는 세계적으로도 높은 비정규직 비율과 최저임금조차 받지 못하는 230만 노동자, 그리고 임시 일자리와 실업을 반복하는 고용 불안 사회입니다.

이렇듯 부자 감세, 노동시장 유연화 해법이 현실을 개선시키지 못했음은 분명함에도, 박근혜 대통령은 또다시 똑같은 해법, 아니 그 이전보다 더 심각한 해법을 내놓고 있습니다. 간접고용제도인 파견제를 확대하고, 기업들에게 더 쉬운 해고 권한을 주겠다는 것입니다. 삶이 바닥으로 떨어졌는데 이제 지하실까지 파고 있는 형국입니다.

솔직히 인정합시다. 더이상 이전의 해법은 대안이 아닙니다. 실패한 해법의 한계를 인정하고, 새로운 해법을 내놓아야 합니다. 그것이 20대 국회가 짊어진 책무입니다.

현실 인식의 동일함에도 불구하고, 해법의 차이가 난 것은 원인에 대한 진단이 달랐기 때문입니다. 저와 정의당은 사회의 모든 분야에서 정의가 실종된 것이 오늘 우리가 맞고 있는 위기의 근본 원인이라고 판단합니다.

특히 경제에서 정의를 찾기 어렵습니다. 헌법 제119조 제2항이 규정하고 있는 균형 있는 국민경제의 성장, 적정한 소득의 분배, 시장의 지배와 경제력의 남용 방지, 경제 주체 간의 조화를 통한 경제 민주화는 도대체 어디에 있습니까?

헌법을 고치자는 이야기가 많습니다만 저는 이 대목에서는 제발 헌법을 지키자고 부르짖고 싶습니다. 사법부는 또 어떻습니까? 사법부를 상징하는 정의의 여신 디케는 한 손에는 저울, 한 손에는 칼을 들고 있습니다. 하지만 전직 부장검사가 전화 두 통으로 서민들이 평생 벌어도 못 벌 돈을 벌어들이는 전관예우의 법정에서 과연 법 앞에 만인은 평등합니까? 만 명만 평등할 뿐입니다. 여기에 정의가 어디 있습니까? 오늘날 대한민국 정의의 여신상은 한 손에는 전화기, 다른 한 손에는 돈다발을 들고 있을 뿐입니다.

국회의 자화상은 처절하기까지 합니다. 국회 사무처가 최근 발간한 보고서에 따르면, 우리 국회는 지난 10년간 대한민국 주요 기관 중 신뢰도가 가장 낮은 기관으로 평가받고 있습니다. 국회의원 300명이 4년마다 한 번씩 국민으로부터 선출되는데 국회가 지난 10년간 연속으로 신뢰도가 가장 낮게 평가되고 있다면 국회의 구성과 운영 방식에 근본적인 성찰이 필요한 상황이라고 생각합니다.

이러한 우리 앞에 또 위기가 닥치고 있습니다. 대규모 구조조정과 세계적인 경제 불확실성이 그것입니다. 하지만 이 위기의 극복

해법이, 2년 전 세월호처럼 가장 약자부터 먼저 희생하는 것이어서는 안 됩니다. 그것은 불의일 뿐입니다. 불의한 국가는 오래 유지될 수 없습니다.

전반적으로 정의를 다시 세워야 할 때입니다. 정의당은 그 이름처럼, 우리 사회 모든 분야에 정의를 하나하나 다시 세워나가겠습니다.

정의를 찾습니다

20대 국회가 세워야 할 첫 번째 정의는 바로 노동시장에서의 정의입니다. 그리고 그 중심에 비정규직 문제가 있습니다. 우리나라 비정규직은 그 규모로도 세계 최고이고, 그 대우 수준도 가장 열악합니다. 대기업 정규직, 대기업 비정규직, 중소기업 정규직, 중소기업 비정규직. 고용노동부 발표에 따르면 층층이 쌓여 있는 계층구조에서 대기업 정규직 임금을 100으로 보았을 때 대기업 비정규직은 65퍼센트, 중소기업 정규직은 49.7퍼센트, 중소기업 비정규직은 35퍼센트에 불과합니다.

동일노동 동일임금의 원칙을 실현해서 정규직과 비정규직의 차별을 폐지해야 합니다. 비슷한 업무를 하는데도 급여 차이가 나고, 옷 색깔과 식권 색깔이 다릅니다. 이런 차별을 그냥 두어서는 안 됩니다.

전체 고용 인구 속에서 우리나라가 비정규직 비율이 유난히 높은 것은 비정규직에 대한 임금 차별이 무한정으로 허용되어왔기 때문입니다. 한국과 비슷한 실상이었던 일본도 비정규직 임금을 인상해 정규직의 80퍼센트 수준까지 올리겠다고 공언하고 있습니다.

박근혜 대통령께서는 2012년 대선 과정에서 공공부문부터 상시·지속적인 업무에 대해서는 2015년까지 비정규직 노동자를 정규직으로 전환하고, 비정규직 차별 회사에 대한 징벌적 금전보상 제도를 적용하겠다고 공약하셨습니다. 동시에 일방적 구조조정이나 정리해고 방지를 위한 사회적 대타협 기구를 설립하고 해고 요건을 강화하겠다고 약속하셨습니다.

저와 정의당은 박근혜 대통령의 약속을 강력히 지지합니다. 약속을 지키십시오. 그렇지 않으면 정의당이 박근혜 대통령의 약속을 대신 지키는 '진박 정당'이 되겠습니다.

둘째, 폭발 직전의 자영업에 대한 근본적인 대책이 필요합니다. 1997년 외환위기 이후 한국의 노동시장만큼 낙수효과 이론이 횡행한 곳도 없을 것입니다. 강자가 살아야 약자도 살 수 있다는 논리를 앞세우고 노동시장의 약자, 즉 노동자를 보호하던 제도들이 후퇴하면서 노동시장에서 축출되거나 퇴각한 노동자들로 자영업 인구가 폭증했습니다. 이제 자영업 종사자는 600만 명, 경제활동 인구 대비 미국의 4배입니다. 미용사 자격증을 가진 분들이 60만 명을 넘어섰다고 합니다. 60만 대군이면 대한민국 국군을 넘어서는 인구입니다.

그리하여 음식점 절반이 1년 내에 문을 닫는 치열한 경쟁 속에서 자영업은 중산층 몰락의 현장이 되고 있습니다. 도시 자영업자 평균 소득이 도시 근로자 평균 소득의 절반 이하로 떨어진 지 오래되었습니다. 영세 자영업이 대자본의 갑질로부터 보호받고 공생할 수 있는 특단의 대책을 정부와 국회가 만들어야 합니다.

그러나 근본적으로는 비정상적인 자영업의 규모를 줄여나가야 하고, 그것은 일자리 창출과 노동시장에서의 격차와 차별을 시정해 노동시장을 떠난 분들을 다시 노동시장으로 흡수하는 길밖에 없습니다.

세상에서 가장 경계해야 할 의사가 있다면 병 주고 약 주는 의사일 것입니다. 사회안전망이 부족한 우리 현실에서 실업 부조를 늘이는 것은 시급하지만, 실업자를 양산하는 구조를 그대로 둔 채 실업수당을 올리는 것만으로는 병을 내버려둔 채 약만 주는 꼴이 되기 쉽습니다. 1차 분배 구조의 문제를 그대로 둔 채 시장에서 생긴 격차를 온전히 2차 분배, 즉 복지로 메꾸려는 시도는 현실적이지 못합니다.

대기업과 중소기업, 대형마트와 재래시장, 프랜차이즈 업체와 가맹점, 정규직과 비정규직의 격차와 차별을 완화하고 제대로 된 일자리 창출을 위해 정의당이 앞장서겠습니다.

셋째, 교육에 있어서의 정의는, 교육을 통한 부의 대물림, 사회 신분의 고착화를 막는 것입니다. 세계적으로 짧은 시간에 성장한 모든 나라들의 특징은 평등한 교육제도를 가지고 있다는 것입니다. 우리나라도 1960~1970년대 고교 평준화 등 교육 기회의 확대를 통해 한강의 기적을 만들어낼 수 있었습니다. 이 모든 것이 평등한 교육 때문에 가능한 것이었습니다.

그러나 지금은 어떻습니까? 부모의 지위가 자식의 대학을 결정하고, 부모가 부유할수록 자녀의 대기업 취업률도 높아졌습니다. 가난하면 학업과 돈벌이를 같이해야 하기 때문에 제대로 된 경쟁이 불가능합니다. 이제 평등한 교육을 통한 자수성가의 꿈은 한낱 교과서에만 나오는 이야기입니다. 한국의 교육은 기회의 균등이라는 본연의 사명을 저버린 지 오래되었습니다. 반대로 교육은 이제 부와 가난이 세습되고 승계되는 통로로 전락했습니다.

교육 정의의 과제가 너무도 많지만 저는 오늘 한 가지만 제안드립니다. 입시를 격화시키는 외고·국제고 등의 특목고와 자사고를 폐지하고 일반고로 전환해야 합니다. 사실상의 고교 서열화와 중학교 서열화까지 부추기는 특목고·자사고 입시를 폐지해야 우리 아이들은 물론, 부모들에게도 숨통이 트일 것입니다. 특목고·자

정의를 실현하는 국회를 만듭시다

사고의 일반고 전환에 관한 사회적 논의를 추진하겠습니다.

마지막으로, 국내 인권 상황에 관한 국제사회의 우려와 관련해 말씀드리고자 합니다. 최근 유엔인권이사회에서 '대한민국에 대한 평화적 집회 및 결사의 자유 특별보고관 보고서(이하 '한국 보고서')'가 채택되었습니다. 이 '한국 보고서'는 한국 경찰이 집회 금지 시 적용하는 규정 및 차벽·물대포 사용, 집회 참가자에 대한 민형사상 탄압, 교사와 공무원 등의 노조 설립 어려움, 삼성 등 기업의 노조 무력화 등에 대해 우려를 밝히고 있습니다.

또, 지난해 11월 민중 총궐기 집회에서 물대포를 맞고 쓰러진 농민 백남기 씨 사건을 언급하고 한상균 민주노총 위원장의 기소를 예로 들면서 집회 참가자에 대한 형사 기소는 사실상 집회의 권리를 범죄화하는 일이라고 지적했습니다.

특히 '한국 보고서'는, 차벽 설치와 집회 금지 규정은 유엔 시민적·정치적 권리규약ICCPR 21조에 어긋난다며 한국 정부에 ICCPR 준수를 촉구했습니다. 한국은 1990년 4월 ICCPR을 비준했고 7월부터 법률과 동일한 효력으로 국내에 적용되고 있습니다.

한국은 현재 유엔인권이사회 순회의장국입니다. 유엔인권이사회에서 의장국의 인권 보장 상황이 열악하다는 보고서가 발표된 것은 국제적으로 망신스러운 일이 아닐 수 없습니다. 이 국회가 비준한 조약이 실현되도록 국회가 앞장서도록 협조해주십시오.

자본가로부터 자본주의 구하기

존경하는 국민 여러분. 동료 의원 여러분. 앞서 말씀드린 모든 싯들을 하기 위해 우리가 마주해야 할 마지막 관문이 있습니다. 그것은 세금 인상, 즉 중세입니다.

경제를 살리고, 비정규직과 사회적 약자를 보호하며, 청년 창업을 지원하고, 보육과 교육에 투자하려면 유일한 해법은 재분배를 통해 복지를 강화하고, 그것을 통해 역동적인 사회를 만드는 것뿐입니다. 대기업과 고소득자들이 좀더 많은 세금을 납부해 사회에 기여하고 약자들도 기본권을 누리는 복지국가를 만드는 것이 해법인 것입니다. 법인세를 다시 원상태로 회복해야 합니다.

1990년대 말 28퍼센트였던 법인세는 계속 인하되어 지금은 22퍼센트까지 떨어졌습니다. 기업들은 법인세를 올리면 기업 활동이 위축될 것처럼 말하지만, 그 이전에 우리 사회의 안정성이 유지되어야 기업도 안전하게 유지 가능함을 알아야 합니다.

인도 출신으로 시카고대학교 석좌교수이자 IMF 최연소 수석이코노미스트를 역임한 세계적 석학 라구람 라잔Raghuram Rajan은 지난 2003년 『Saving Capitalism From The Capitalist』라는 책을 썼습니다. 우리말로는 '자본가로부터 자본주의 구하기'라고 해석할 수 있습니다.

그는 이 책에서 현재 자본주의 체제의 개혁에 가장 걸림돌이 되는 세력으로 자본가 집단을 지목하며, 지나친 부와 소득의 집중이 사회를 후퇴시킬 것임을 경고했습니다. 세계적으로나 우리 사회에서나, 재벌과 대기업의 책임이 막중해지고 있고, 이 위기의 시대에 책임을 회피하거나 오히려 위기를 이용해 자신의 부를 확대하는 것에 대해서 안 된다는 경고인 것입니다.

그런 점에서 저는 대기업과 경영진, 고소득층이 경제 위기의 시대에 증세 등을 통해 공동체의 유지에 함께 나서줄 것을 다시 한번 호소합니다.

권력구조는 지붕, 선거제도는 기둥

존경하는 국민 여러분, 지금 우리 사회에 놓인 많은 과제가 있지만, 또다시 개헌 문제가 수면 위로 부상하고 있습니다. 그러나 권력구조를 변화시키자는 개헌 주장 이전에 더 중요한 것이 있습니다. 그것은 국민의 의지가 정치권력에 정확히 반영되는 제도, 즉 선거제도를 바꾸는 것입니다.

권력구조가 지붕이라면, 선거제도는 기둥입니다. 그런데 기둥을 그대로 둔 채 지붕만 바꾸는 것을 진정한 개헌이라고 우리는 부를 수 없는 것입니다. 대통령제를 유지한다면 결선투표제를 통해 국민 과반의 지지를 받는 대통령이 나와야 합니다. 또 어떤 권력구조이든 국민의 지지가 국회 의석수에 일치하는 연동형 비례대표제가 도입되어야 합니다.

승자독식과 지역 패권 정치를 연명시켜온 현행 소선거구 다수대 표제를 그대로 둔 채 권력구조 변경을 추진하는 것은 기둥을 그대로 둔 채 초가지붕을 기와지붕이나 콘크리트 슬래브 지붕으로 바꾸는 것에 다름 아닙니다.

물론 20대 총선을 앞두고 선거제도 개혁에 대한 논의가 있었지만 실현되지 못했습니다. 많은 국민들은 선거제도 개혁을 국회에만 맡겨둘 경우 똑같은 결과가 나올 것을 우려하고 있습니다.

국회의원 선거제도는 국회의원이 되려는 사람들을 위한 제도가 아니라 국회의원에게 자신의 권력을 위임하고자 하는 국민들을 우선 위한 제도입니다. 따라서 최근 영국이나 뉴질랜드에서 한 것처럼 국민들이 직접 선거제도를 정할 수 있게 보장합시다. 각 당과 차기 대통령 후보들이 책임 있게 안을 내고 차기 정부 첫 해인 2018년 12월 31일까지 국민투표를 통해 국민들이 선거제도를 결정하게 합시다. 그리고 이를 위해 국회 내에 국회의원 선거제도 개혁위원회를 설치할 것을 제안합니다.

특권은 내려놓고 일하는 국회

존경하는 국회의장과 동료 의원 여러분. 이제 앞서 말씀드린 것들을 제대로 실천하기 위해, 우리 국회가 어떻게 혁신해야 할지를 말씀드리면서 오늘 대표 연설을 마치겠습니다.

우리 국회가 요즘 몸살을 앓고 있습니다. 가뜩이나 사회에서 가장 신뢰도가 낮은 집단이 국회인데 더 말하기가 부끄러울 지경입니다. 정의당은 다음과 같은 국회 개혁의 방향을 제안합니다.

특권은 내려놓고 일하는 국회를 만듭시다. 국회의원의 불체포 특권의 남용을 막읍시다. 국회의원의 체포 동의안이 보고된 지 72시간이 지나면 본회의에 자동 상정되도록 합시다. 또한 각 정당은 소속 의원이 부패·비리에 연루되었을 경우, 회기 중이더라도 영장 실질심사에 자진출석하도록 하고, 이를 거부할 경우 출당 및 제명 조치를 당헌 당규에 명시합시다.

다음으로, 국회의원의 세비를 줄입시다. 2012년 기준으로 우리나라 국회의원의 세비는 OECD 주요 국가 중 일본, 미국에 이어 3위입니다. 우리나라 국민소득이 독일의 약 절반인데 국회의원 세비는 독일과 거의 같습니다. 국민소득 대비 의원 세비를 독일 수준으로 받으려면 세비를 절반으로 낮춰야 합니다.

저는 국회의원 세비를 절반으로 줄일 것을 제안하고자 합니다. 그러면 현 최저임금의 다섯 배가 될 것입니다. 제가 있는 의원회관 5층을 청소하는 청소 노동자 중 한 분에게 여쭤보니 새벽 6시에서 오후 4시까지 일하면서 약 130만 원가량의 월급을 받습니다. 주말에 특근까지 해야만 140만 원이 조금 넘는 액수를 수령할 뿐입니다. 국회의원 세비를 반으로 줄이더라도 우리나라 근로자 평균임금의 세 배, 최저임금의 다섯 배 가까운 액수입니다.

같이 삽시다. 그리고 같이 잘삽시다. 평균임금이 오르고 최저임금이 오른 후에 국회의원의 세비를 올려도 되지 않겠습니까? 국회가 먼저 나서서 고통을 분담하고, 상생하는 모범을 만듭시다.

마지막으로, 일하는 국회를 만듭시다. 국회의 역할은 정부가 제대로 일하도록 견제하고, 감시하며, 그럼으로써 결과적으로 정부의 활동을 돕는 것입니다. 그러기 위해서 가장 중요한 것이 무엇입니까?

정부가 행하는 각종 활동에서 국회가 검증할 수 있는 부분을 끊임없이 검증합시다. 그런 점에서 상시 청문회법 통과야말로 일하는 국회의 첫 걸음이라고 저는 주장합니다.

나아가 20대 국회는 공직자들을 철저히 검증해 박근혜 대통령이 훌륭한 공직자들과 일할 수 있도록 해주어야 합니다. 미국에서는 대통령이 임명하는 공직자 중 1,200여 명이 인사 청문 대상이고 그중 600여 명이 상원 인준을 필요로 합니다. 우리나라에서 대통령이 임명에 영향을 행사하는 자리 중에 인사 청문 대상은 63명에 그칩니다. 국회의 동의를 거쳐 임명되는 자리는 훨씬 적은 23명입니다. 우리 사회에 영향을 미치는 수많은 공직 책임자들이 제대로 검증도 되지 않고 임명되어 나중에 말썽이 되는 경우가 부지기수입니다. 박근혜 대통령이 결단해주시면, 국회에서 훌륭한 인물들을 검증해 정부로 보내드리겠습니다.

이외에도 특수활동비 폐지, 독립적 국회의원 징계 기구와 독립적 국회 감사 기구 설치, 그리고 상시 회기 제도 도입과 예결위 상

정의를 실현하는 국회를 만듭시다

임위화, 소위원회 실시간 중계, 교섭단체 요건 완화 등 '특권은 내려놓고, 일을 하는 국회'를 만들기 위해 저희 정의당은 계속 노력할 것입니다. 여야를 넘어서서 국회의 신뢰도를 회복하는 일에 힘을 모아 주실 것을 다시 한번 호소드립니다.

세월호 참사 진상 규명

새누리당, 더불어민주당, 국민의당, 그리고 저희 정의당까지 우리는 비록 서로 다른 정책과 비전을 갖고 있지만 20대 국회는 많은 부분 머리를 맞대고 토론하며 좋은 법안들을 만들어야 할 것입니다.

하지만 그중에서도 모든 당이 마음으로 함께 통과시켜주셨으면 하는 법안을 마지막으로 말씀드립니다. 바로 세월호 특별조사위원회 활동 보장 법안입니다. 지금 정부는 세월호 특조위의 활동을 지난달 말로 강제 종료시켜버렸습니다. 이에 대해 유가족들은 청와대 앞에서, 국회 앞에서 눈물을 흘리며 농성을 진행하고 있습니다.

그러나 동료 의원 여러분. 세월호 진상 조사는 누군가의 이해득

실로 따질 쟁점이 아니지 않습니까? 한 사람도 억울함이 없도록 철저히 조사하라고 했던 분은 바로 박근혜 대통령이었습니다. 새누리당의 이주영 전 장관은 팽목항에서 수십 일을 묵묵히 구조에 힘썼습니다. 이 문제에 여와 야는 없습니다.

그런 점에서 20대 국회에서 세월호 희생자의 넋을 기리고, 유가족의 마음을 달래며, 국민들이 갖고 있는 상처를 어루만져주기 위해서라도, 세월호 침몰의 진상을 규명하는 데 여야 모두가 함께 나서주시기를 간곡히 호소드립니다.

사랑하고 존경하는 국민 여러분, 저희 정의당은 비록 6석의 작은 정당이지만, 정당 투표에서 7.23퍼센트, 172만 명 국민의 지지를 받았습니다. 제대로 된 비례대표제였다면 저희들의 의석수는 20석이 훌쩍 넘었을 것입니다. 그러한 국민 여러분의 성원을 바탕으로, 원내 유일 진보정당답게 국민들의 권익을 지키고 확대하기 위해 최선을 다할 것입니다. 저희 정의당의 행보에 여러분의 많은 관심과 격려를 부탁드립니다. 감사합니다.

공정하고 평등한
대한민국

—

노회찬

'박근혜 퇴진'과 '이게 나라냐'

지금 이 시간도 안보의 최전방과 삶의 최일선에서 땀 흘리고 계시는 모든 분들께 새해 건강하시라는 인사를 먼저 드립니다. 존경하는 국민 여러분, 국회의장과 선배·동료 의원 여러분. 정의당 원내대표 노회찬 의원입니다.

연인원 1,000만 명이 훨씬 넘게 참여한 촛불 항쟁이 시작된 지

100여 일이 지났습니다. 그리고 이 국회에서 박근혜 대통령에 대한 탄핵소추안이 의결된 지 오늘로 정확히 두 달이 되었습니다. 1987년 직선제 개헌 이후 최악의 대통령이 만들어낸 사상 초유의 국정농단에 대한 저항이 6월항쟁 이래 최고의 국민들에 의해 촛불 시민혁명으로 승화되는 한복판에 우리는 서 있습니다.

4·19 당시 경무대 앞에서 꽃잎처럼 청춘들이 스러져가던 그날이 훗날 혁명으로 기록될지 그 당시엔 아무도 몰랐던 것처럼 지금 100일이 넘게 진행되는 촛불은 단순히 집회와 시위를 넘어서서 역사에 혁명으로 기록될 것이 분명합니다. 물론 촛불 시민혁명이 4·19나 6월항쟁처럼 미완의 혁명으로 끝날지 성공으로 귀결될지는 앞으로의 일들이 결정하게 될 것이고 우리는 지금 그 분기점에 서 있습니다.

촛불 광장에서 가장 많은 사람들이 들고 외쳤던 손팻말은 '박근혜 퇴진'과 '이게 나라냐'였습니다. 그러나 유감스럽게도 박근혜 대통령은 자진 사퇴를 거부했고 이에 따라 국회는 대통령에 대한 탄핵소추를 의결하고 특검법을 처리했습니다. 저는 20대 국회가 출범 6개월 만에 절대 다수 국민들의 여망을 받아들여 이 같은 역사적 결정을 내린 데 대해 이 자리를 빌려 정세균 국회의장과 선배·동료 의원 여러분의 용단에 경의를 표하고자 합니다.

이제 대통령은 헌법재판소에 의해 탄핵심판절차를 밟고 있고, 국정농단 세력에 대한 특검의 수사가 진행되고 있습니다. 대다수의 국민들이 바라는 바대로 헌재의 판결과 특검 수사가 이루어진다면 머지않아 대통령은 파면될 것이고 최순실 일당과 함께 사법 처리될 것입니다.

그러면 이 사태는 종결되는 것입니까? 그렇지 않습니다. 대통령이 물러나고 국정농단 세력들이 처벌을 받는 것만으로 대한민국은 바뀌지 않습니다. 대통령을 탄핵시킨 20대 국회에게, 19대 대선으로 들어설 차기 정권에게 중요한 한 가지 과제가 더 남아 있습니다. 바로 '이게 나라냐'라는 물음에 답하는 일입니다.

촛불 시민혁명은 지난해 10월 29일 2만여 명이 첫 촛불을 드는 것으로 시작해서 11월 5일 20만 명, 2주 만인 11월 12일 100만 명이 모여 촛불을 들었습니다. 연 참가 인원 1,000만 명이 넘어선 이 사태에 우리도 놀랐고 전 세계가 함께 놀랐습니다. 이처럼 많은 사람들이 빠르게 공감대를 형성하게 된 배경은 무엇입니까?

많은 사람들이 최순실과 정유라를 거론합니다. 그러나 그들은 단지 불씨를 던졌을 뿐입니다. 이미 대한민국은 인화물질로 가득 찬 화약고였습니다. 바로 불평등·불공정이라는 인화물질 말입니다. 정유라가 돈도 실력이라고 말했을 때 수많은 사람들이 분노한 것은 그것이 거짓이어서가 아니라 사실이었기 때문이었습니다. 어느 철부지의 철없는 주장이 아니라 우리 모두가 알고 있는 대한민국의 적나라한 치부에 대한 조롱이었기 때문입니다.

촛불 시위는 경제 사건이다

지난 1월 스위스 다보스포럼에서 세계 소득 불평등 실태를 고발하는 '99퍼센트를 위한 경제 보고서'를 발표해 주목을 받은 바 있는 위니 비아니마Winnie Byanyima 옥스팜 총재는 '한국의 촛불 시위는 불평등에 대한 대중의 분노가 표출된 경제 사건'이라 규정했습니다. 능력이 없으면 부모나 원망해야 하는 대한민국, 돈이 실력인 대한민국은 우리만 아는 비밀은 아니었습니다.

경제 불평등과 양극화는 현재 지구촌의 공통적인 고민거리입니다. 다보스포럼이 최근 발표한 '세계 위험 보고서'는 경제 불평등, 세계 양극화, 환경 위험 증대를 향후 10년 지구촌을 위협하는 3대 위험 요소로 규정했습니다. 그러나 우리나라의 경우 경제 불평등과 사회 양극화는 미래의 위험이 아니라 1997년 외환위기 이후 20년째 지속되고 더욱 빠르게 악화되고 있는 현재진행형의 위험입니다.

지난해 국회 입법조사처가 국제통화기금IMF 등의 자료를 분석한 결과 우리나라 상위 10퍼센트의 소득 집중도는 세계에서 가장 빠른 속도로 늘어 1995년 29.2퍼센트에서 2012년 44.9퍼센트로, 미국(47.8퍼센트) 다음으로 높은 수준이 되었습니다. 이 20년 동안 비정규직 수, 노인 빈곤율, 노인 자살률, 심지어 노인 범죄율에 이르기까지 각종 양극화 수치가 악화되어온 것은 잘 알려진 사실입니다.

우리나라에서 경제 불평등과 이로 인한 사회 양극화가 유례없이 빠르고 완강하게 진행된 배경에는, 첫째 양극화를 촉진시키는 정책이 끊임없이 추진되고 있으며, 둘째 기회균등을 통해 양극화를 해소하는 데 기여해야 할 교육이 오히려 부가 세습되고 가난이 승계되는 통로로서 역기능을 하고 있다는 사실입니다.

특히 문제가 심각한 것은 이 같은 경제적 불평등이 불공정한 경쟁과 정책 결정을 통해 더욱 악화되고 있다는 사실입니다. 대통령까지 연루된 최근의 국정농단 사태야말로 특권, 불법, 반칙으로 점철된 불공정의 전형이 아니고 무엇이겠습니까?

옥스팜에 따르면 이건희 삼성전자 회장(96억 달러, 약 11조 4,000억 원) 등 18명의 부자가 전체 국민 소득 하위 30퍼센트와 비슷한 수준의 자산을 보유하고 있다고 합니다. 최근 검찰 조사에 따르면, 이 18명 중 11명이 박근혜 대통령이 만든 두 재단에 기금을 출연했다고 합니다. 당사자들은 강제모금 당했다고 주장하지만 그간의 정황은 능동적이든 수동적이든 뇌물을 제공하고 여러 형태의 대가를 받은 것으로 확인되고 있습니다.

'이게 나라냐'라는 말은 바로 이 같은 현실로부터 우러나오는 외침입니다. 이 말은 단순히 박근혜 대통령과 최순실이 국정을 농단했기 때문에 참을 수 없다는 그런 의미만은 아닙니다. 그것은 국정농단에 대한 분노와 더불어 그동안 누적된 극심한 불평등, 그 불평등이 불공정의 결과라는 데 대한 참을 수 없는 분노의 표현인 것입니다. 그렇다면 이러한 국정농단과 불평등에 대해 우리 국회는 자유로운 것입니까?

박근혜 대통령은 지난 2015년 7월 24일, 대기업 총수 17명과 오찬을 하고 7명의 재벌 회장과는 따로 독대를 하여 미르재단 출연을 요구합니다. 재벌들은 이에 따라 출연금을 냈고, 곧이어 8월 6일 박 대통령은 재벌들의 숙원 사업인 노동 개혁에 대한 대국민 담화를 합니다. 그리고 곧이어 전경련(전국경제인연합회)이 대통령 담화에 대한 환영 입장을 발표하고, 그 며칠 후에는 새누리당이 소위 노동 개혁 5대 법안을 당론으로 결정합니다.

그렇게 500억 원 가까운 자금을 출연받은 미르재단이 현판식을 갖고 출범한 10월 27일, 바로 그날 박 대통령은 이 자리에서 국회 시정연설을 통해 노동관계법 개정을 포함해, 서비스산업발전기본법, 의료법 개정 등 대표적인 친기업 입법을 강력히 요구했습니다. 그뿐입니까? 미르재단과 마찬가지로 재벌들로부터 수백억 원의 자금을 출연받은 K스포츠재단이 설립된 2016년 1월 13일, 대통령은 또다시 청와대에서 대국민 담화를 통해 규제프리존 특별법을 만들겠다고 밝혔습니다.

잘 짜여진 각본처럼 일사천리로 진행된 이러한 일련의 과정은 무엇을 말해줍니까? 바로 재벌들은 대통령이 요구하는 돈을 내고, 대통령은 재벌의 요구사항을 관철시키기 위해 정부를 동원하며, 국회에서는 새누리당이 이러한 재벌들의 청부입법을 관철시키기 위해 활약해온, 부끄러운 짬짜미의 역사인 것입니다.

그로부터 1년여가 지난 지금, 대통령은 탄핵 심판을 기다리고 있고, 재벌 회장들은 특검으로 출두하고 있습니다. 그러나 박 대통령과 재벌의 공조로 만들어진 이 정책들을 관철시키기 위해 동분서주해온 새누리당과 범여권 정치세력들은 여전히 국회에서 재벌의 청부입법 관철을 위해 애쓰고 있습니다.

새누리당 의원 여러분. 박 대통령과 재벌이 결탁해 벌여온 모든 행동들이 이제 사법 처리의 대상, 단죄의 대상이 되고 있는데 왜 새누리당은 아직도 그 당시 만들어진 청부입법에서 못 벗어나고 있는 것입니까?

존경하는 국회의장 그리고 선배·동료 의원 여러분. 보도에 따르면 구속 중인 안종범 전 청와대 수석이 지난 특검 조사에서 "지난해 9월 국정감사를 앞두고 박근혜 대통령이 국회 정무위, 기재위, 교문위 등 세 상임위원회에 삼성그룹 인사들이 증인으로 출석하지 않게 하라는 지시를 내렸다"고 진술했다 합니다.

당시 미르재단과 K스포츠재단 의혹이 불거지면서 여러 야당 의원들이 삼성그룹 임원들을 국감 증인으로 신청한 상태였습니다. 안종범 전 수석은 당시 여권 인사에게 박근혜 대통령의 지시를 전달했고, 실제 새누리당 반대로 삼성그룹 임원들에 대한 증인 채택은 무산된 것으로 보도되고 있습니다.

이게 있을 수 있는 일입니까? 지금 박 대통령은 뇌물죄 혐의를 받고 있고 특히 교문위의 삼성그룹 증인 무산은 정유라에 대한 삼성의 승마 지원과 동계스포츠영재센터 지원금 출연 사실을 숨기려는 시도로 받아들여지고 있습니다. 삼성 임원에 대한 증인 채택 방해 행위 자체가 뇌물을 공여한 삼성이 얻은 대가라는 해석도 있습니다.

대통령에 대한 탄핵소추를 의결하고 국정농단 사태를 수사할 특검법을 통과시킨 국회가 이 사태에 연루된 자신의 행위에 눈감을 수는 없습니다. 국회의장과 각 당 원내대표들께 2월 임시국회에서 가칭 '국회 관련 박근혜–최순실 국정농단 사건 진상조사특위'를 구성해 즉각 진상조사해 나갈 것을 제안하는 바입니다.

비정규직에 대한 차별

존경하는 선배·동료 의원 여러분. 박근혜 대통령 탄핵으로 문제가 모두 해결되는 것도 아니며, 정치권 모두가 그간의 국정농단 사태에서 책임이 면제되는 것이 아닙니다. 무엇보다도 이 사태의 근본 배경이 된 불공정하고 불평등한 대한민국을 정상화시키기 위한 새로운 인식과 새로운 실천이 요구되고 있지 않습니까? 그런 점에서 저는 이 불평등을 타파하기 위한 몇 가지 제안을 드리고자 합니다.

먼저 비정규직과 정규직의 차별을 없앨 의지를 정권 차원에서 보여야 합니다. 일본의 아베 총리는 올해 1월 8일, 1,900명의 일본 경제계 대표들을 앞에 두고 "정규직과 비정규직의 불합리한 차별을 용납하지 않겠다"고 하면서 비정규직의 임금을 정규직의 80퍼센트 수준으로 올리겠다며 강한 의지를 보였습니다.

아베 총리마저도 이런 이야기를 하는데, 우리 정부는 쉬운 해고나 성과연봉제 등을 밀어붙이고 있으니 비정규직의 처우 개선이 될 리가 없습니다. 그런 점에서 며칠 전 바른정당 주호영 원내대표의 비정규직 임금을 정규직의 80퍼센트 수준으로 올리자는 제안을 적극 환영합니다. 여야가 힘을 합해 처리합시다.

쌀값 폭락과 농산물 수입, AI 피해 등으로 고통받고 있는 농민들도 대한민국 국민들입니다. 연간 500만 원 미만의 농업 판매 수입을 가진 농가가 전체 농가의 절반에 이르고 있습니다. 농업 보호 확대와 농가소득 보전을 위해 식량자급률 법제화, 기초 농산물 국가 수매제 도입 등 농정 개혁 과제들을 적극 추진해야 합니다.

마지막으로, 대기업과 고소득층부터 증세를 시작해야 합니다. 대기업의 법인세율을 이명박 정부 이전 수준인 25퍼센트로 늘리고, 소득세 역시 최고세율을 45퍼센트로 인상하는 등 전반적인 증세를 단행할 것을 제안합니다. 더불어 세대를 건너뛴 손자·손녀 상속과 증여가 유행하고 있는 만큼 이런 경우에는 현행 30퍼센트의 할증 과세를 50퍼센트로 올려 금수저의 손자·손녀 대물림에 정당한 과세를 해야 합니다.

편법적 승계와 세습 지배 구조

이제 2월 국회에서 처리해야 될 과제를 말씀드리고자 합니다. 이미 이 자리에 서셨던 각 정당 대표들께서 주요 내용을 말씀하셨기 때문에 간략히 2월 국회의 임무에 대해 말씀드리겠습니다. 이번 2월 국회는 사실상 박근혜 정권에서 열리는 마지막 국회이기 때문에 저는 더욱더 개혁 입법을 관철시켜 국민에게 보답해야 한다고 생각합니다.

첫째로, 정치개혁의 상징인 선거 연령 18세 하향, 결선투표제 도입을 위한 공직선거법 개정을 추진합시다. 현재 만 18세면 공무원으로 취업할 수도 있고, 군대도 갈 수 있으며, 소득이 있으면 세금도 내야 합니다. 그런데 그런 18세 청년이 도대체 무슨 죄가 있기에 유독 투표권만은 못 주겠다는 말입니까?

지난해 4월 13일 총선에서 대학교 1학년 학생 중 80퍼센트가 만 19세 이상만 투표권을 주는 현행 법률 때문에 투표권을 행사하지 못한 사실을 알고 계십니까? 100년 전 유관순 열사는 고등학생인 16세에 대한독립 만세를 외쳤는데, 21세기 대한민국의 18세는 왜 대학생인데도 투표를 할 수 없다는 말입니까?

영국, 오스트리아, 노르웨이는 이미 만 16세부터 선거권을 주는 방안을 논의하고 있습니다. 18세 참정권 보장과 결선투표제 도입은 더이상 미룰 수가 없습니다. 2월 국회가 합의해 꼭 처리해야 합니다.

둘째로, 재벌개혁입니다. 이미 한국 사회를 좌지우지하며 정경

유착을 일삼아온 재벌은 효과적으로 통제되지 않으면 안 될 괴물이 되어 있습니다. 2월 국회에는 다중대표소송제, 전자투표제, 공정위의 전속고발권 폐지 등의 법안이 제출되어 있습니다. 모두 필요한 법률들입니다. 그러나 그것 외에 본질적으로 중요한 한 가지 입법 과제가 있습니다. 바로 재벌 총수들의 편법적 세습을 저지하고, 총수들의 지배력 집중을 해체하는 것입니다.

한 가지 사례를 들어보겠습니다. 박근혜 게이트의 또 다른 몸통 중에 하나인 이재용 삼성전자 부회장의 재산은 현재 10조 원에 육박하고 있습니다. 이렇게 재산을 막대하게 부풀리기 위해, 아니 사실상 세습받기 위해 그가 낸 세금이 얼마입니까? 1996년 이건희 회장으로부터 물려받은 61억 원에 대한 증여세 16억 원이 전부입니다. 똑같이 부친으로부터 3,000억 원의 주식을 물려받은 중견 기업 오뚜기 함영준 회장은 상속세로만 1,500억 원을 냈습니다.

이런 말도 안 되는 현실은 이 땅에 경제 정의라는 단어마저 완전히 사라질 위기에 처해 있음을 보여줍니다. 당시 이재용의 에버랜드 전환사채 매입으로 시작한 삼성그룹의 승계 작업은 2015년 대통령의 지시를 받은 국민연금이 삼성물산과 제일모직의 어처구니 없는 합병에 동의해줌으로써 그 끝을 보여주었습니다.

이제 그것으로 모자라 삼성은 소위 인적 분할과 자사주의 마법 이라는, 일반 국민들은 듣도 보도 못한 희귀한 방법으로 수백조 원 대의 그룹을 통째로 세습하는 마지막 단계를 지나려고 하고 있습 니다. 이미 다수의 다른 재벌들은 이런 방법을 통해 세습 지배 구 조 확립을 이루어낸 상태입니다.

삼성이 이제 막 하려고 하는 이런 편법적 승계를 저지하고, 다른 재벌들이 이미 저지른 편법적 지배권 확립을 무효화할 법안이 민 주당의 박용진·제윤경 의원 등 여러 의원들을 통해 상법과 공정거 래법 개정안으로 2월 국회에 제출되어 있습니다. 이번 국회에서는 반드시 이 법안들을 처리해야 합니다.

이외에도 수많은 개혁 과제가 있습니다. 한일 위안부 협상 무효 화, 국정교과서 금지법, 세월호 특조위 재구성, 사드 국회 특위 설 치, 복합 쇼핑몰과 대형마트로 인해 생존권 위기에 몰린 자영업자 들을 보호하기 위한 유통산업발전법 개정 등이 그것입니다. 이 과제를 성실히 수행하는 것이야말로 박근혜 정권 마지막 국회에 임하는 우리 20대 국회의 자세일 것입니다.

국민의 지지가 반영되는 연동형 비례대표제

이제 제 연설을 마무리하고자 합니다. 지금 국회에서는 개헌 논의가 한창입니다. 특히 권력구조에 대한 개헌 논의가 더 활발합니다. 많은 분들이 제왕적 대통령제의 폐해를 지적하고 대통령 권력의 분권을 주장합니다. 개헌에 관한 다양한 견해가 있으나 국회의 권한이 강화되는 데 다수가 동의하고 있습니다.

그러나 승자독식의 현행 국회의원 선거제도를 그대로 둔 채 국회의 권한을 강화시킨다면 그것은 위험한 길이 될 가능성이 큽니다. 따라서 선거제도의 근본적 개혁이야말로 개헌과 함께 이루어져야 합니다.

공교롭게도 오늘날 복지국가를 만든 대부분의 나라들이 정당명부식 비례대표제를 통해 국민의 지지가 권력에 온전히 반영되는

공정하고 평등한 대한민국

제도를 채택하고 있습니다. 연동형 비례대표제라고 불리기도 하는 이 정당명부 비례대표제는 국민의 사표를 방지함으로써 정치에 대한 관심을 높이고, 다양한 국민의 요구와 지향이 정치에도 정확히 반영되는 가장 선진적인 정치제도입니다.

이미 국회에는 개헌 특위가 설치되어 맹렬히 가동 중입니다. 선거제도 개혁을 위한 특위도 별도로 설치할 것을 제안합니다. 그리하여 우상호 더불어민주당 원내대표의 제안처럼 2018년 6월 지방선거 때 개헌안과 함께 선거제도 개혁안에 대한 국민투표를 동시에 실시할 것을 제안합니다.

국회의원 선거제도는 국회의원을 위한 제도이기 이전에 권력의 주체인 국민을 위한 제도입니다. 뉴질랜드, 영국도 국민투표를 통해 선거제도를 결정했습니다. 국민의 뜻이 우선 반영되는 선거제도 개혁에 함께 나섭시다. 정의당이 앞장서겠습니다.

정의롭고
공정한 정치

—

노회찬

촛불 시민혁명

존경하는 국민 여러분, 정세균 의장과 동료 국회의원 여러분, 이낙연 총리와 국무위원 여러분. 바로 1년 전, 한국 사회를 뜨겁게 달구었던 촛불 시민혁명의 현장에서 우리 국민들이 가장 많이 들고 있었던 손팻말은 '박근혜 퇴진' 그리고 '이게 나라냐' 두 가지였습니다. 그로부터 1년여의 시간이 지난 지금, '박근혜 퇴진'은 불가

역의 현실로 실현되었습니다. 법의 심판과 역사의 평가만이 남았을 뿐입니다.

반면 '이게 나라냐'라는 물음 앞에 대한민국은 아직 답을 주지 못하고 있습니다. 우리 국회 역시 마찬가지입니다. '이게 나라냐'는 구호는 단순히 국정농단 사건에 연루된 최고 권력자와 그를 둘러싼 일부 인물들의 용납하기 어려운 행태만을 문제 삼는 게 아니었습니다. 그것은 오랫동안 한국 사회에서 누적되어온 불평등과 불공정으로 인한 사회적 격차를 해소하고 최소한의 인간다운 삶을 살 수 있는 나라를 만들어달라는 것이었습니다.

저는 지금도 똑똑하게 기억하고 있습니다. 20대 국회가 시작된 2016년 6월 개원 국회에서 당시 민주당의 김종인 대표, 새누리당의 정진석 원내대표, 국민의당의 안철수 대표 그리고 정의당 원내대표인 본 의원 등 국회 4당 대표자들이 바로 이 자리에서 한 국회 대표 연설에서 놀랍게도 모두 똑같은 현실 진단을 이야기했습니다.

대한민국의 가장 심각한 현안은 날로 벌어지는 사회적·경제적 격차이며 격차 해소 없이 대한민국은 한 걸음도 나아갈 수 없다는 진단이었습니다. 이렇듯 우리 20대 국회는 '이게 나라냐'라는 외침을 지난해 겨울, 촛불 광장에서 처음 들은 것이 아니었습니다. 우리는 이미 알고 있었습니다.

원내 각 정당과 선후배·동료 국회의원 여러분께 제안드립니다. 고질적인 불공정과 불평등의 현실을 타파하는 것이 20대 국회의 가장 중요한 과제임을 재확인합시다. 그리고 불평등·불공정 구조 타파와 격차 해소를 위한 초당적 노력을 경주합시다. 사실 불평등·불공정 구조 타파를 위한 격차 해소는 지난해 대통령 선거에서도 모든 후보들의 공통 공약이었고, 다양한 정책이 제시되었습니다.

그래서 지난해 5월 19일 대통령과 5당 원내대표 오찬 회동에서 저는 대통령 선거 당시 5당 후보들의 공통 공약을 최우선으로 실현해 국민들이 정치를 보다 신뢰할 수 있게 하자고 제안했고 참석자 전원의 동의를 얻었습니다만, 그 약속은 아직도 실현되지 않고 있습니다. 그중 최저임금 문제는 지금 각 정당 대표 연설에서도 논란으로 증폭이 되고 있습니다.

최저임금과 중산층의 몰락

지난해 5월 대통령 선거 당시 5당 후보들의 최저임금 인상 공약은 최저임금 1만 원을 2020년까지 달성하느냐, 2022년까지 달성하느냐로 나뉘었습니다. 사실 2022년까지 1만 원 달성은 그동안의 평균 인상률만큼만 인상하겠다는 것이었고, 2020년 1만 원 달성은 최저임금을 평시보다 조금 더 큰 폭으로 인상해야 격차 해소에 도움이 된다는 것이었습니다.

그러나 2020년과 2022년 사이에 한강이 흐르는 것도 아니고 휴전선이 가로막고 있는 것도 아닙니다. 원내 각 당이 격차 해소에 기여할 수 있는 구체적인 최저임금 인상 로드맵을 제시하고 합의에 즉각 착수합시다.

최저임금 인상과 관련해 영세 자영업의 어려움이 많이 지적되고 있습니다. 매우 현실적이고 중요한 문제입니다. 그런데 최저임금 인상에 따른 중소기업, 영세 자영업자의 피해를 말하는 국회는 지금까지 중소기업과 영세 자영업자를 위해서 무슨 일을 해왔습니까? 중소기업에 대한 대기업의 갑질에 단호한 태도를 보여주었습니까?

영세 자영업자를 위한 상가임대차보호법은 도대체 왜 아직도 국회 법사위에서 낮잠을 자고 있는 것입니까? 건물주의 임대료 폭리에 대해서는 무슨 조치를 취했습니까? 우리 모두가 알고 있는 것처럼 최저임금 인상을 회피하는 것으로 자영업의 문제가 해결되는 것은 아닙니다.

서울에서 신장개업한 음식점 중 1년을 버티지 못하고 폐업하는 경우가 70퍼센트를 넘는 현실이 보여주듯이 자영업은 대한민국에서 중산층 몰락의 현장이기도 합니다. 이 같은 현상은 차별과 격차로 노동시장에서 축출된 많은 사람들이 자영업으로 몰리면서, 경제활동인구 대비 자영업 종사자의 비율이 미국의 4배에 이르는 비정상적인 현실입니다. 동시에 자영업 시장 내부의 부당한 계약 관행이 쌓인 결과이기도 합니다. 따라서 격차 해소를 위한 대책은 최저임금 인상이나 공공부문 일자리 창출을 넘어서는 종합적이고 장기적인 로드맵의 수립이 필수적입니다.

20대 국회의 최대 과제와 사명이 격차를 해소하고 그를 통해 공정하고 평등한 사회로 나아가는 것이라면 격차 해소 로드맵을 만드는 데 머리를 맞대고 지혜를 모아 갑시다.

공공기관 채용 비리 사건

작지만 중요한 이야기 한 가지만 더 하겠습니다. 최근 정부가 2022년 식량자급률 목표치를 당초 60퍼센트에서 49.5퍼센트로 낮추겠다는 입장을 밝혔습니다. 이는 농림축산식품부가 2011년 설정했던 목표치보다 10.5퍼센트를 낮춘 것으로, 7년이라는 기간이 지나는 동안 목표치가 오히려 뒷걸음질하면서 목표라는 용어마저 무색해졌습니다. 목표라는 단어는 달성하는 것인데 거꾸로 목표치를 낮추는 이유가 무엇인지, 저는 농민들과 우리 국민들에게 설명할 방법이 없습니다.

정부에서 식량자급률 목표치를 낮추겠다는 말은 결과적으로 농업에 대한 보호 육성을 줄이겠다는 것으로 이는 지난해 백남기 농민 사망 사건의 원인이 된 농업 희생을 더 강화하는 것입니다. 식량자급률 목표치를 지속적으로 높이는 것은 단지 농민뿐만이 아니라 국민들의 식량 안보를 위해서도 반드시 필요한 일입니다. 자급률의 점진적 상향을 위한 실효적인 정책 대안을 마련할 것을 정부에 촉구합니다.

우리가 나아가야 할 두 번째 방향은 공정한 대한민국입니다. 지난해 드러나, 지금까지 파장을 일으키고 있는 공공기관 채용 비리는 우리 사회의 불공정을 보여주는 바로미터입니다. 공공기관의 80퍼센트가 채용 비리에 연루되었다고 합니다. 강원랜드의 경우에는 518명의 최종 합격자 중 493명이 부정 선발자인 것으로 확인되었습니다. 참으로 충격적인 사실이 아닐 수 없습니다. 더욱 놀라운 것은 채용 비리 의혹을 받고 있는 청탁 명단에 현역 국회의원 5명 등 전·현직 의원 7명과 관련 부처 공무원들의 이름이 등장한다는 사실입니다.

불평등은 그 자체만으로도 고통스럽지만, 그것이 불공정의 결과일 경우 그 누구도 참기 어려운 분노로 나아가기 마련입니다. 실로 우리는 국정농단이 아니라 국회농단의 심연에 빠져 있으며 '이게 국회냐'는 분노에 직면해 있고, 이런 국회에서 사법개혁을 논하는 것은 오염된 칼로 수술하는 것과 다를 바 없다는 자괴감을 떨칠 수가 없습니다.

연동형 비례대표제

저는 국회 제 정당들에게 요구합니다. 만약 우리가 사법개혁을 속도감 있게 추진했다면, 그래서 우리에게 고위공직자비리수사처, 즉 공수처가 있었다면 이러한 사안은 국민 앞에 당당하게 밝혀질 수 있었을 것입니다. 공공기관 채용 비리에 대한 특검을 실시하고, 공수처 설치를 하루빨리 처리할 것을 각 정당에 제안합니다.

공정한 사회는 공정한 정치로부터 가능합니다. 2016년 총선에서 저희 정의당은 7.2퍼센트의 국민 지지를 받았으나 국회 의석수는 전체의 2퍼센트밖에 차지하지 못했습니다. 그러나 소선거구제의 수혜를 온몸으로 받는 거대 정당들은 자신이 받은 지지보다 훨

쎈 많은 국회 의석을 차지하고 있습니다.

국민의 지지가 국회 의석에 정확히 반영되는 선거제도, 즉 연동형 비례대표제의 도입이야말로 공정한 정치를 만드는 시작입니다. 그 토대 위에서 공정한 사회도 가능합니다. 그런 점에서 이번 지방선거에서부터 연동형 비례대표제를 도입하거나, 그것이 시간상 어렵다면 현재 서울시 선거구 획정위원회가 중대선거구제의 정신을 살려 4인 선거구를 제안한 데 대해 민주당과 한국당이 당론으로 확정해주기를 요구합니다. 만약 양당이 이를 수용하지 않는다면 이는 양당에게는 사실상 소선거구제나 다름없는 2인 선거구제를 방패로 지방정치를 독점하는 것으로 해석할 수밖에 없습니다. 2018년 동시 지방선거에서부터 국민의 지지가 반영되는 선거제도로의 변화를 시작합시다.

북한에 대한 선제공격 반대 결의안

마지막으로 오늘 제가 말씀드릴 세 번째 주제가 있습니다. 앞서 말씀드린 문제를 넘어 우리는 지금 정말로 중요한 문제에 직면해 있습니다. 모든 한국 사회의 문제를 합친 것보다도 더 큰 위기, 즉 전쟁 위기의 문제입니다.

북한에 대한 선제공격은 그것이 어떠한 형태이든 확전의 가능성을 내포합니다. 무엇보다도 그로 인한 피해는 대한민국 국민, 특히 인구의 반이 몰려 있는 수도권 주민이 가장 크게 지게 됩니다. 전쟁의 대가가 국민의 생명이라는 사실은 설명이 필요 없을 것입니다.

지금 당장 국회가 할 일은 명확합니다. 전쟁 위협을 막고 국민의 생명을 지키는 것입니다. 저는 이 자리에서 원내 모든 정당에 제안합니다. 어떠한 경우에도 전쟁을 반대한다는 '북한에 대한 선제공격 반대 결의안'을 국회가 채택합시다. 국회가 한반도 전쟁 위협을 막고, 국가와 국민을 지키는 일에 나섭시다. 평화와 국민의 생존에 여야 또는 보수·진보가 있을 수 없습니다.

우리는 이미 보수와 진보를 막론하고 한반도 평화에 있어서는 공통의 철학을 공유하고 정책으로 채택한 경험이 있습니다. 1991년 노태우 정부 시절, 남북한 기본합의서 정신을 기억해 보십시오. 그

때의 경험을 되살려 어떠한 경우에도 전쟁을 반대한다는 점을 명확히 합시다. 그런 후에 북한의 비핵화를 관철시키는 슬기를 발휘해야 합니다.

북한의 비핵화는 한반도 비핵화와 같은 말입니다. 비핵화는 영구적인 한반도 평화의 전제입니다. 그런 점에서 전술핵 재배치나 핵무장과 같은 정책은 평화보다는 갈등과 긴장을 택하고, 종국에는 전쟁도 불사하겠다는 선동에 불과합니다.

작년 국정감사에서 송영무 국방장관 또한 전술핵이라는 단어 자체도 없고, 우리 군의 핵 보유도 현실성이 없다고 밝혔습니다. 지금처럼 전쟁 위기가 고조되는 상황에서 핵이라는 유령을 좇는 일은 무책임하면서도 위험한 제스처에 불과합니다.

이 자리에서 보수정당에게 진지하게 묻습니다. 보수의 가치가 무엇입니까? 북한과 우리의 공멸입니까? 실제 우리가 핵을 갖게 되었을 때, 국제사회로부터의 부담을 감당할 자신은 있습니까? 아니면 보수정당이 원하는 게 진정 전쟁입니까? 한반도 전쟁 위기가 현실이 되었을 때, 그 어떠한 것 하나라도 감당할 수 있습니까? 모

정의롭고 공정한 정치

두들 알다시피 한반도에서의 전쟁은 곧 우리 모두의 파멸입니다.

다시 한번 강조합니다. 지금 한반도 전쟁의 위협이 어느 때보다 고조되고 있습니다. 예전과 같이 종북몰이나 색깔론, 핵을 운운하며 표를 계산할 때가 아닙니다. 여야와 보수 · 진보 모두가 평화와 공존이라는 당연한 가치를 위해 힘을 합칠 때입니다. 이 땅에 두 번 다시 전쟁이 있어서는 안 됩니다. 국회가 '북한에 대한 선제공격 반대 결의안'을 채택할 것을 다시 한번 제 정당에 요구합니다.

권력은 국민들에게

존경하는 정세균 의장과 국회의원 여러분. 지난 1월 28일 정의당은 원내 정당 중 처음으로 개헌안을 발표했습니다. 정의당은 20대 국회가 추진하는 개헌이, 첫째 국민에 대한 약속을 지키는 개헌, 둘째 정치권이 아닌 국민을 위한 개헌이 되어야 한다고 생각합니다. 그런 점에서 지방선거와 동시에 개헌 국민투표를 실시하겠다는 약속은 반드시 지켜져야 합니다. 합당한 이유와 구체적 대안 없는 약속 위반은 정치의 신뢰를 떨어뜨릴 뿐입니다.

또한 이번 개헌은 철저하게 국민을 위한 개헌이 되어야 합니다. 제왕적 대통령제의 폐단을 거론하면서 대통령 권한의 분산을 이야기하지만, 분산된 권력이 어디로 가는지 저는 묻고 싶습니다. 어떤 분들은 분산된 대통령의 권력을 국회로 몰아주는 권력구조 개편을 주장하고 있습니다. 300명의 국회의원이 선출하는 이른바 실세 총리가 4,000만 명의 국민이 선출하는 대통령보다 훨씬 더 많은 권한을 갖는 권력구조 개편안을 국민들이 원할지 의문입니다. 특히 총선에서 7.2퍼센트를 득표하고도 2퍼센트의 의석만 점유하고 있는 정의당의 사례처럼 승자독식의 선거제도하에서, 민의가 왜곡되고 있는 현실에서 선거법 개정 없는 권력구조 변경은 오히려 개악이자 퇴행일 가능성도 높습니다.

이번 개헌은 무엇보다도 권력의 분산이 중앙정부에서 지방정부로, 권력기관에서 국민에게로 이루어지는 개헌이어야 합니다. 제가 지금 미국의 투표용지를 가지고 나왔습니다. 트럼프 대통령이 당선되던 2016년 11월 8일 미 대통령 선거의 투표용지입니다. 유

정의롭고 공정한 정치

권자 10퍼센트 이상이 사용하는 언어로 투표용지가 인쇄되는 미국 법률에 의해 한글로 인쇄된 미 캘리포니아주 오렌지카운티의 투표 용지를 제가 직접 받았습니다. 기표란이 모두 몇 개입니까? 모두 26개입니다.

어떤 분은 며칠 전 '지방선거 때 개헌 국민투표를 하면 모두 8번 기표해야 되기 때문에 고령자들이 힘들어서 안 된다'고 말씀하시는데, 미국의 유권자는 26번 기표를 하고 있습니다. 26대 7, 이것이 미국 유권자와 한국 유권자가 갖는 권력의 차이라고 저는 생각합니다. 대한민국 국민이 미합중국 국민보다 더 작은 권력을 가져야 할 이유는 없습니다. 집중된 권력의 분산은 지방에게 그리고 국민에게 권력을 되돌려주기로 이어져야 합니다.

존경하는 국회의원 여러분. 20대 국회는 출범 직후 대통령 탄핵 소추라는 격변을 함께 겪었습니다. 다행히 국회의원 3분의 2 이상이 국민의 여망을 과감히 수용하는 결단을 내림으로써 20대 국회는 시대의 요구와 국민의 여망을 대변했습니다. 이제 20대 국회의 남은 과제는 불평등하고 불공정한 현실을 타파하고 한반도의 평화

실현을 앞당겨야 하는 중대한 과제를 앞두고 있습니다.

기원전, 즉 B.C. 역사가 되풀이될 수 없듯이 Before Candle, 즉 촛불 이전B.C. 시절도 반복되지 않을 것입니다. 20대 국회의원 모두 촛불과 함께 한 시대를 건넜습니다. 촛불 이전의 낡은 정치를 반복하지 맙시다. 정치가 스스로 개혁할 때 비로소 나라도 나라답게 바로 설 수 있다는 사실을 잊지 맙시다. 경청해주셔서 감사합니다.

정의롭고 공정한 정치

에필로그

가난한
사람을 위한
민주주의

요즘 국어사전을 펼쳐보는 이는 거의 없을 것이다. 인터넷 시대라서 그렇기도 하고, 영어 아닌 한국어에 관심을 가질 이유도 별로 없기 때문일 것이다. 그러나 매일 국어사전을 읽는 사람이 있다. 아니, 있었다. 오래전부터 국어대사전을 탐독해왔다는 그는 읽을수록 한국어의 깊이에 빠졌다고 했다.

그는 간혹 술을 먹고 늦게 귀가하는 경우에도 국어사전만은 꼭 읽고 잠들었다. 시인도, 소설가도 아닌, 이 특이한 정치인의 이야기를 들은 게 벌써 몇 년 전이다. 세상 사람들은 노회찬의 촌철살인 · 유머가 그저 타고난 재능이겠거니 했다. 그가 한국어를 얼마나 갈고닦았는지는 모르고 있다. 보통 정치인과 달리 그가 적확한 용어와 단어로 상황을 정의하고, 적절한 분석을 할 수 있었던 것은 한국어에 대한 오랜 집착의 결과다.

나쁜 정치로 한국어를 망치는 정치인은 많지만, 노회찬처럼 우아한 한국어로 좋은 정치를 추구한 정치인은 드물다. 그런데 그마저 떠났다. 자신의 말을 지키느라, 기꺼이 목숨을 내준 것이다. 평등한 세상을 꿈꾸는 정치 조직을 위해 쓰려고 아껴둔, 하나밖에 없는 목숨이었다. '가난한 사람을 위한 민주주의'라는 임무를 완수하지 못하고 떠난 그가 밉다.

이정미 정의당 대표는 2018년 7월 27일 영결식에서 "약자들의 삶을 바꿀 수 있는 민주주의의 가능성 하나를 상실했다"고 했다. "얼마나 많은 사람들이 죽어나가야 너무 많은 희생을 치렀다는 것을 깨달을까? 친구여, 그 대답은 바람만이 알고 있네." 노회찬이 떠나는 날 밥 딜런Bob Dylan이 왔다. 평화와 자유를 노래해왔던 밥 딜런의 서울 공연이 더 나은 세상을 위해 고군분투하다 스러진 영혼을 위로해주었으면 좋겠다.

시민들은 그동안 외면하던 진보정치의 중요성을 새삼 인식하고 있다. 심상정 의원도 "당신을 잃은 오늘 우리는 아무것도 두렵지 않다"고 했다. 언젠가 진보정치가 꽃피는 날 진보정치 깃발을 맨 먼저 들었던 노회찬을 세상 사람들은 기억해줄까?

영화 〈동사서독〉에서 장만옥은 무림의 고수가 되기 위해 고향을 떠난 장국영을 그리며 말한다. "내가 가장 아름다운 시절에는 사랑하는 사람이 곁에 없었습니다." 우리도 마찬가지. 아름다운 시절이 와도 그와 함께하지는 못한다. 노회찬의 부재는 상실이자 고통이다.

원고 출처

손석희, 「노회찬에게 작별을 고합니다」, JTBC 〈뉴스룸〉, '앵커 브리핑', 2019년 4월 4일.

노회찬·홍아미, 「노회찬과 삼성 X파일」, 『월간 인물과사상』, 2013년 4월호.

노회찬·김현진·지강유철, 「노회찬과 노무현」, 『월간 인물과사상』, 2009년 7월호.

노회찬·지승호, 「노회찬과 진보정치」, 『월간 인물과사상』, 2005년 6월호.

노회찬, 「정의를 실현하는 국회를 만듭시다」, 국회 본회의 비교섭단체 대표 연설, 2016년 7월 4일.

노회찬, 「공정하고 평등한 대한민국」, 국회 본회의 비교섭단체 대표 연설, 2017년 2월 9일.

노회찬, 「정의롭고 공정한 정치」, 국회 본회의 비교섭단체 대표 연설, 2018년 2월 6일.

이대근, 「가난한 사람을 위한 민주주의」, 『경향신문』, 2018년 7월 27일.

당신은
정의로운
사람입니다
ⓒ 노회찬 외, 2019

초판 1쇄 2019년 7월 23일 펴냄
초판 2쇄 2019년 7월 30일 펴냄

지은이 | 노회찬 외
펴낸이 | 강준우
기획 · 편집 | 박상문, 김소현, 박효주, 김환표
디자인 | 최진영, 홍성권
마케팅 | 이태준
관리 | 최수향
인쇄 · 제본 | 대정인쇄공사

펴낸곳 | 인물과사상사
출판등록 | 제17-204호 1998년 3월 11일

주소 | 04037 서울시 마포구 양화로7길 4(서교동) 2층
전화 | 02-325-6364
팩스 | 02-474-1413
www.inmul.co.kr | insa@inmul.co.kr

ISBN 978-89-5906-533-2 03300
값 14,000원

이 도서의 국립중앙도서관 출판예정도서목록(CIP)은 서지정보유통지원시스템 홈페이지
(http://seoji.nl.go.kr)와 국가자료공동목록시스템(http://www.nl.go.kr/kolisnet)에서
이용하실 수 있습니다. (CIP제어번호: CIP2019026811)